Neatsispiriamų daržovių mėsos kukulių kulinarijos knyga

100 maitinančių ir kvapnių augalinių mėsos kukulių kiekvienam gomuriui

Povilas Suraučius

Autorių teisės Medžiaga ©2023

Visi Teisės Rezervuota

Na dalis to _ knyga Gegužė būti atsisėdo žirgas perduota in bet koks formų žirgas būtų bet koks reiškia be į švarus parašyta sutikimas _ _ leidėjas ir autorių teisės savininkas išskyrus dėl trumpai citatos atsisėdo in ir apžvalga. Tai knyga turėtų Pastabos būti laikomas ir pakaitalas dėl medicinos legaliai žirgas kitas profesionalus_ _ _ patarimas.

TURINYS _

TURINYS _..3
ĮVADAS..7
DARŽUOVIŲ MĖDĖS KUBULIAI..................................9
1. Raudonųjų burokėlių mėsos kukuliai....................10
2. Žaliųjų lęšių daržovių mėsos kukuliai....................13
3. Copycat Ikea Veggie Balls..15
4. Žolelių kvinojos mėsos kukuliai..............................17
5. Juodųjų pupelių mėsos kukuliai..............................19
6. Avižiniai ir daržovių kukuliai..................................21
7. Baltųjų pupelių ir graikinių riešutų kotletai..........23
8. Garbanzo pupelių ir morkų kotletai......................25
9. Ant grotelių kepti bulguro ir lęšių kotletai............27
10. Grybų tofu mėsos kukuliai....................................29
11. Lęšių, žirnių ir morkų kukuliai..............................31
12. Grybų ir daržovių mėsos kukuliai........................33
13. Tex-Mex daržovių mėsos kukuliai........................35
14. Ant grotelių kepti pupelių kotletai........................38
15. Svogūnai Avižos Mėsos kukuliai..........................40
16. Laukinių grybų kotletai..42
17. Tofu Tahini daržovių mėsos kukuliai..................44
18. Juodųjų pupelių ir žemės riešutų kotletai............46
19. Veganiniai šoninės kotletai....................................48
20. Miežiniai avižiniai kotletai....................................50
21. Tempeh ir graikinių riešutų mėsos kukuliai........52
22. Mišrūs pupelių ir avižų kotletai............................54
23. Tempeh ir graikinių riešutų mėsos kukuliai........56
24. Makadamija-Car rrot Mėsos kukuliai..................58
25. Kariuoti avinžirnių kukuliai..................................60
26. Pinto pupelių mėsos kukuliai su Mayo................62
27. Lęšių, grybų ir ryžių kotletai..................................65
28. Šitake ir avižiniai kotletai......................................67
29. Avižiniai ir veganiški mocarelos kukuliai............69

30. Graikinių riešutų ir daržovių mėsos kukuliai...............71
31. Maroko jamo daržovių mėsos kukuliai......................73
32. Lęšių, pistacijų ir šitake kotletai...............................76
33. Daug baltymų turintys veganiški mėsos kukuliai..........79
34. Tofu rutuliukai...82
35. Žiedinių kopūstų, pupelių ir špinatų kotletas su............84
36. Orkaitėje kepti veganiški kotletai................................86
37. Grybų ir anakardžių parmezano kotletai......................88
38. Cremini ir lęšių mėsos kukuliai...................................90
39. Citrininiai raudonėlio mėsos kukuliai..........................92
40. Su Riracha avinžirnių kotletais...................................94
41. Veganiški grybų kotletai..96
42. Spagečiai su daržovėmis ir kotletais............................98
43. Tempeh ir svogūnų kotletai......................................100
44. Lęšių ir grybų kotletai..103
45. Saldžiųjų bulvių ir juodųjų pupelių mėsos kukuliai...105
46. Žiedinių kopūstų ir avinžirnių kukuliai.....................107
47. Cukinijos ir kvinojos mėsos kukuliai.........................109
48. Špinatų ir fetos mėsos kukuliai.................................111
49. Brokoliai ir Čederio mėsos kukuliai..........................113
50. Morkų ir avinžirnių kukuliai....................................115
51. Grybų ir riešutų kotletai..117
52. Burokėlių ir kvinojos mėsos kukuliai........................119
53. Kvinoja ir kukurūzų kukuliai...................................121
54. Baklažanų ir avinžirnių kukuliai...............................123
55. Bulvių ir žirnių kotletai..125
56. Kukurūzų ir raudonųjų pipirų mėsos kukuliai...........127
57. Butternut moliūgų ir šalavijų mėsos kukuliai............129
58. Kopūstų ir baltųjų pupelių mėsos kukuliai.................131
59. Kvinoja ir špinatų kotletai..133
60. Žiedinių kopūstų ir kvinojos mėsos kukuliai..............135
61. Avinžirnių ir špinatų kotletai....................................137
62. Saldžiųjų bulvių ir avinžirnių kukuliai......................139
63. Grybų ir lęšių kotletai...141
64. Morkų ir cukinijų kukuliai..143

65. Kvinoja ir grybų kotletai...145
66. Juodųjų pupelių ir kukurūzų kotletai..............................147
67. Brokolių ir Čederio sūrio kukuliai..................................149
68. Žiedinių kopūstų ir sūrio kukuliai...................................151
69. Grybų ir riešutų kukuliai su rozmarinu..........................153
DARŽUOVIŲ PATEKLIAI...155
70. Raudonųjų burokėlių mėsainiai su rukola....................156
71. Pekano-lęšių pyragaičiai..159
72. Juodųjų pupelių mėsainiai..161
73. Avižų ir daržovių paplotėlis..163
74. Baltųjų pupelių ir graikinių riešutų pyragaičiai..........166
75. Garbanzo pupelių mėsainiai...169
76. Bulgur lęšių daržovių pyragas..171
77. Grybų tofu paplotėlis..173
78. Lęšių, žirnių ir morkų paplotėlis..................................175
79. Greiti daržovių pyragaičiai..177
80. Tex-Mex daržovių pyragas...179
81. Daržovių pupelių pyragaičiai..182
82. Svogūnai Avižos Paplotėliai...184
83. Laukinių grybų paplotėlis...186
84. Tofu Tahini daržovių pyragaičiai.................................188
85. Juodųjų pupelių ir žemės riešutų kepsninės...............190
86. Miežių avižų ir salierų pyragaičiai..............................192
87. Tempeh ir svogūnų pyragaičiai....................................194
88. Mišrūs pupelių ir avižų pyragaičiai.............................196
89. Tempeh ir graikinių riešutų pyragaičiai.....................198
90. Makadamijų ir anakardžių pyragaičiai.......................200
91. Auksiniai avinžirnių mėsainiai....................................202
92. Avinžirnių pyragaičiai..204
93. Pinto pupelių pyragaičiai su Mayo..............................207
94. Lęšių ryžių mėsainis su..209
95. Šitake ir avižų pyragas..211
96. aviža , Kiaušinių ir mocarelos paplotėlyje................213
97. Graikinių riešutų ir daržovių pyragaičiai..................215
98. Maroko jamo daržovių mėsainiai...............................217

99. Lęšių, pistacijų ir šitake mėsainis..................220
100. Daug baltymų turintys veganiški mėsainiai................223
IŠVADA...226

ĮVADAS

Sveiki atvykę į daržovių kotletų pasaulį! Šioje kulinarijos knygoje kviečiame patyrinėti skanias ir naudingas augalinių kotletų galimybes. Daržovių kotletai yra kūrybiškas ir pasitenkinimo suteikiantis būdas mėgautis daržovių skoniu ir tekstūra, kartu suteikiant maistingas alternatyvas tradiciniams kotlečiams. Ši kulinarijos knyga yra jūsų vadovas, kaip įvaldyti daržovių kotletų meną ir sukurti maistingus bei kvapnius patiekalus, kurie patiks ir veganams, ir mėsos mėgėjams.

Daržovių kotletai liudija apie augalinių ingredientų universalumą ir gausą. Nuo lęšių ir avinžirnių iki grybų ir quinoa – galimybės sukurti skanių kotletų alternatyvų yra neribotos. Šioje kulinarijos knygoje mes švenčiame daržovių kotletų turtingumą ir įvairovę, pristatydami jums receptų rinkinį, kuriame derinamos įvairios daržovės, grūdai ir prieskoniai, kad būtų sukurti skanūs ir maistingi kąsneliai.

Šiuose puslapiuose rasite receptų lobyną, kuris demonstruoja daržovių kukulių kūrybiškumą ir skonį. Nuo klasikinių itališko stiliaus kotletų su augaliniu atspalviu iki pasaulinio masto kūrinių, kuriuose yra įvairių žolelių ir prieskonių – mes sukūrėme kolekciją, kuri nukels jūsų skonio receptorius į skoningą kelionę. Kiekvienas receptas sukurtas taip, kad būtų subalansuotas skonių, tekstūrų ir maistinių medžiagų derinys, užtikrinantis sotų ir malonų vakarienę.

Tačiau ši kulinarijos knyga yra daugiau nei tik daržovių kotletų receptų rinkinys. Mes padėsime jums sukurti mėsos kukulių tekstūras ir skonius naudojant augalinius ingredientus, pateiksime patarimų dėl rišamųjų medžiagų ir prieskonių bei pasidalinsime technikomis, kaip pasiekti tobulą tekstūrą ir konsistenciją. Nesvarbu, ar esate patyręs augalinės kilmės kulinaras, ar naujokas daržovių kotletų pasaulyje, mūsų tikslas yra suteikti jums galimybę sukurti skanius ir naudingus patiekalus, kurie džiugins jūsų skonio receptorius ir pamaitins jūsų kūną.

Taigi, nesvarbu, ar ieškote sveikesnės alternatyvos tradiciniams kotlečiams, tyrinėjate augalinį maistą, ar tiesiog norite įtraukti į savo mitybą daugiau daržovių, „Nuo sodo iki lėkštės: daržovių mėsos kukulių kulinarijos knyga" bus jūsų vadovas. Pasiruoškite mėgautis kūrybiškumu ir daržovių kotletų skoniu ir leiskitės į kvapnią kelionę, kuri švenčia augalinių ingredientų gausą ir universalumą.

DARŽUOVIŲ MĖDĖS KUBULIAI

1.Raudonųjų burokėlių mėsos kukuliai

INGRIDIENTAI:
- 15 uncijų šviesiai raudonų pupelių gali
- 2 ½ valgomojo šaukšto aukščiausios kokybės pirmojo spaudimo alyvuogių aliejaus
- 2 ½ *uncijos* Cremini grybų
- 1 raudonasis svogūnas
- ½ puodelio virtų rudųjų ryžių
- ¾ puodelio žalių burokėlių
- 1/3 puodelio kanapių sėklų
- 1 arbatinis šaukštelis maltų juodųjų pipirų
- ½ arbatinio šaukštelio jūros druskos
- ½ arbatinio šaukštelio maltų kalendrų sėklų
- 1 veganiškas kiaušinių pakaitalas

INSTRUKCIJOS:
- Įkaitinkite orkaitę iki 375 ° F. Pupeles gerai sutrinkite maišymo dubenyje ir atidėkite.
- Nelipnioje keptuvėje ant vidutinės ugnies įkaitinkite aliejų.
- Sudėkite grybus ir svogūną ir pakepinkite, kol suminkštės, maždaug 8 minutes.
- Perkelkite daržovių mišinį į maišymo dubenį su pupelėmis.
- Įmaišykite ryžius, burokėlius, kanapių sėklas, pipirus, druską ir kalendras, kol susimaišys.
- Įpilkite veganiško kiaušinio pakaitalo ir maišykite, kol gerai susimaišys.
- Iš mišinio suformuokite keturis rutuliukus ir dėkite ant nebalinto pergamento popieriumi išklotos kepimo skardos.
- Pirštų galiukais lengvai patepkite mėsos kukulių viršų ½ šaukšto aliejaus.

- Kepti 1 val. Labai švelniai apverskite kiekvieną mėsos kukulį ir kepkite, kol taps traškūs, tvirti ir apskrus, dar apie 20 minučių.

2.Žaliųjų lęšių daržovių mėsos kukuliai

INGRIDIENTAI:
- 1 geltonas svogūnas smulkiai pjaustytas
- 1 didelė morka nulupta ir supjaustyta kubeliais
- 4 skiltelės susmulkintos česnako
- 2 puodeliai virtų žalių lęšių
- 2 šaukštai pomidorų pastos
- 1 arbatinis šaukštelis raudonėlio
- 1 arbatinis šaukštelis džiovinto baziliko
- $\frac{1}{4}$ puodelio maistinių mielių
- 1 arbatinis šaukštelis jūros druskos
- 1 puodelis moliūgų sėklų

INSTRUKCIJOS:
- Virtuviniame kombaine sumaišykite visus ingredientus.
- Sumaišykite, palikdami šiek tiek tekstūros.
- Iš lęšių suformuokite 4 kotletus.

3.Copycat Ikea Veggie Balls

INGRIDIENTAI:
- 1 skardinė Konservuoti avinžirniai
- 1 puodelis šaldytų špinatų
- 3 Morkos
- ½ paprikos
- ½ puodelio konservuotų saldžiųjų kukurūzų
- 1 puodelis žaliųjų žirnelių
- 1 svogūnas
- 3 skiltelės česnako
- 1 puodelis avižinių miltų
- 1 valgomasis šaukštas alyvuogių aliejaus
- Prieskoniai

INSTRUKCIJOS:
- Visas daržoves sudėkite į virtuvinį kombainą ir plakite, kol jos bus smulkiai pjaustytos.
- Dabar pridėkite šaldytų, bet atšildytų arba šviežių špinatų, džiovintų šalavijų ir džiovintų petražolių.
- Sudėkite konservuotus avinžirnius & Pulse, kol jie susimaišys.
- Išmaišykite ir virkite 1-2 minutes.
- Padarykite daržovių rutuliukus, susmulkinkite rutulį ir suformuokite jį rankomis.
- Sudėkite rutuliukus ant kepimo popieriaus arba kepimo skardos.
- Kepkite juos 20 minučių, kol pasidarys traški plutelė.

4.Žolelių kvinojos mėsos kukuliai

INGRIDIENTAI:
- 2 puodeliai virtos quinoa
- ¼ puodelio veganiško parmezano sūrio, tarkuoto
- ¼ puodelio veganiško Asiago sūrio, tarkuoto
- ¼ puodelio šviežio baziliko, malto
- 2 šaukštai šviežios kalendros, maltos
- 1 arbatinis šaukštelis šviežio raudonėlio, malto
- ½ arbatinio šaukštelio šviežių čiobrelių
- 3 smulkios česnako skiltelės, smulkiai susmulkintos
- 1 didelis kiaušinis
- 2 dideli žiupsneliai košerinės druskos
- ½ arbatinio šaukštelio juodųjų pipirų
- ¼ puodelio itališkai pagardintų duonos trupinių
- 1 žiupsnelis iki ¼ arbatinio šaukštelio maltų raudonųjų pipirų dribsnių

INSTRUKCIJOS:
- Sumaišykite visus ingredientus dideliame dubenyje.
- Į įkaitintą keptuvę supilkite šiek tiek alyvuogių aliejaus.
- Suformuokite šiek tiek mažesnį nei golfo rutulį mėsos kukulį ir įdėkite jį į keptuvę.
- Kepkite keptuvėje arba kepimo skardoje su apvadu ir kepkite įkaitintoje orkaitėje 25 minutes.

5.Juodųjų pupelių mėsos kukuliai

INGRIDIENTAI:

- 3 šaukštai alyvuogių aliejaus
- ½ puodelio malto svogūno
- 1 česnako skiltelė, susmulkinta
- 1½ puodelio juodųjų pupelių
- 1 valgomasis šaukštas maltų šviežių petražolių
- ½ puodelio sauso nepagardinto panko
- ¼ puodelio kvietinių glitimo miltų
- 1 arbatinis šaukštelis rūkytos paprikos
- ½ arbatinio šaukštelio džiovintų čiobrelių
- Druska ir šviežiai malti juodieji pipirai

INSTRUKCIJOS:

- Keptuvėje įkaitinkite 1 valgomąjį šaukštą aliejaus ir pakaitinkite kelias minutes.
- Sudėkite svogūną ir česnaką ir kepkite, kol suminkštės, apie 5 minutes.
- Svogūnų mišinį perkelkite į virtuvinį kombainą.
- Suberkite pupeles, petražoles, panko, miltus, papriką, čiobrelius, pagal skonį druskos ir pipirų.
- Apdorokite, kol gerai susimaišys, palikdami šiek tiek tekstūros.
- Iš mišinio suformuokite 4 vienodus kotletus ir padėkite į šaldytuvą 20 minučių.
- Keptuvėje ant vidutinės ugnies įkaitinkite likusius 2 šaukštus aliejaus.
- Sudėkite mėsos kukulius ir kepkite, kol apskrus iš abiejų pusių, vieną kartą apversdami, maždaug 5 minutes iš kiekvienos pusės.

6.Avižiniai ir daržovių kukuliai

INGRIDIENTAI:
- 2 šaukštai plius 1 arbatinis šaukštelis alyvuogių aliejaus
- 1 svogūnas, susmulkintas
- 1 morka, tarkuota
- 1 puodelis nesūdytų riešutų mišinio
- ¼ puodelio kvietinių glitimo miltų
- ½ puodelio senamadiškų avižų ir dar daugiau, jei reikia
- 2 šaukštai kreminio žemės riešutų sviesto
- 2 šaukštai maltų šviežių petražolių
- ½ arbatinio šaukštelio druskos
- ¼ arbatinio šaukštelio šviežiai maltų juodųjų pipirų

INSTRUKCIJOS:
- Keptuvėje ant vidutinės ugnies įkaitinkite 1 arbatinį šaukštelį aliejaus.
- Įdėkite svogūną ir kepkite, kol suminkštės, apie 5 minutes. Įmaišykite morkas ir atidėkite.
- Virtuviniame kombaine susmulkinkite riešutus, kol susmulkins.
- Įpilkite svogūnų ir morkų mišinio kartu su miltais, avižomis, žemės riešutų sviestu, petražolėmis, druska ir pipirais. Apdorokite, kol gerai susimaišys.
- Iš mišinio suformuokite 4 vienodus kotletus.
- Keptuvėje ant ugnies įkaitinkite likusius 2 šaukštus aliejaus, sudėkite kotletus ir kepkite, kol apskrus iš abiejų pusių, maždaug 5 minutes iš kiekvienos pusės.

7.Baltųjų pupelių ir graikinių riešutų kotletai

INGRIDIENTAI:

- ¼ puodelio supjaustyto svogūno
- 1 česnako skiltelė, susmulkinta
- 1 puodelis graikinių riešutų gabalėlių
- 1 puodelis konservuotų arba virtų baltųjų pupelių
- 1 puodelis kvietinių glitimo miltų
- 2 šaukštai maltų šviežių petražolių
- 1 valgomasis šaukštas sojos padažo
- 1 arbatinis šaukštelis Dižono garstyčių ir dar daugiau patiekimui
- ½ arbatinio šaukštelio druskos
- ½ arbatinio šaukštelio malto šalavijo
- ½ arbatinio šaukštelio saldžiosios paprikos
- ¼ arbatinio šaukštelio ciberžolės
- ¼ arbatinio šaukštelio šviežiai maltų juodųjų pipirų
- 2 šaukštai alyvuogių aliejaus

INSTRUKCIJOS:

- Virtuvės kombainu sumaišykite svogūną, česnaką ir graikinius riešutus ir sutrinkite iki smulkiai sumaltos.
- Virkite pupeles keptuvėje ant ugnies, maišydami, 1-2 minutes, kad išgaruotų drėgmė.
- Sudėkite pupeles į virtuvinį kombainą kartu su miltais, petražolėmis, sojos padažu, garstyčiomis, druska, šalaviju, paprika, ciberžole ir pipirais.
- Apdorokite, kol gerai susimaišys. Iš mišinio suformuokite 4 vienodus kotletus.
- Keptuvėje įkaitinkite aliejų ant vidutinės ugnies.
- Sudėkite mėsos kukulius ir kepkite, kol apskrus iš abiejų pusių, maždaug 5 minutes iš kiekvienos pusės.

8.Garbanzo pupelių ir morkų kotletai

INGRIDIENTAI:

- 2 puodeliai trintų garbanzo pupelių
- 1 saliero stiebas, smulkiai pjaustytas
- 1 morka, smulkiai pjaustyta
- ¼ Svogūno, malto
- ¼ puodelio pilno grūdo kvietinių miltų
- Druska ir pipirai pagal skonį
- 2 arbatiniai šaukšteliai Aliejus

INSTRUKCIJOS:

- Sumaišykite ingredientus, išskyrus aliejų, dubenyje.
- Suformuokite 6 mėsos kukulius.
- Kepkite aliejumi pateptoje keptuvėje ant vidutinės-stiprios ugnies, kol kotletai bus auksinės rudos spalvos iš abiejų pusių.

9.Ant grotelių kepti bulguro ir lešių kotletai

INGRIDIENTAI:
- 2 stiklinės virtų lęšių
- 1 puodelis rūkytų Portobello grybų,
- 1 puodelis bulgur kviečių
- 2 skiltelės kepinto česnako,
- 2 šaukštai graikinių riešutų aliejaus
- $\frac{1}{4}$ arbatinio šaukštelio estragono, malto
- Druska ir pipirai pagal skonį

INSTRUKCIJOS:
- Paruoškite medžio ar anglies kepsninę ir leiskite joms sudegti iki žarijų.
- Dubenyje sutrinkite lęšius iki vientisos masės.
- Sudėkite visus ingredientus ir maišykite, kol gerai susimaišys.
- Šaldykite mažiausiai 2 valandas. Suformuokite mėsos kukulius.
- Aptepkite kotletus alyvuogių aliejumi ir kepkite ant grotelių 6 minutes iš kiekvienos pusės arba kol paruduos.

10.Grybų tofu mėsos kukuliai

INGRIDIENTAI:
- ½ puodelio valcuotų avižų
- 1¼ stiklinės stambiai pjaustytų migdolų
- 1 valgomasis šaukštas alyvuogių arba rapsų aliejaus
- ½ puodelio susmulkinto žalio svogūno
- 2 arbatiniai šaukšteliai malto česnako
- 1½ puodelio kapotų Cremini
- ½ puodelio virti rudi basmati
- ⅓ puodelio veganiško čederio sūrio
- ⅔ puodelio trinto tvirto tofu
- 1 veganiškas kiaušinių pakaitalas
- 3 šaukštai kapotų petražolių
- ½ puodelio sauso panko

INSTRUKCIJOS:
- Keptuvėje įkaitinkite aliejų ir pakepinkite svogūnus, česnakus ir grybus, kol suminkštės.
- Suberkite avižas ir toliau virkite dar 2 minutes nuolat maišydami.
- Sumaišykite svogūnų mišinį su ryžiais, veganišku sūriu, tofu ir veganišku kiaušinių pakaitalu.
- Petražolės, panko ir migdolai ir išmaišykite, kad susimaišytų. Pagal skonį pagardinkite druska ir pipirais.
- Suformuokite 6 kotletus ir pakepinkite arba kepkite, kol išorė taps auksinė ir traški.

1.Lęšių, žirnių ir morkų kukuliai

INGRIDIENTAI:
- $\frac{1}{2}$ susmulkinto svogūno
- $\frac{1}{2}$ puodelio virtų žalių lęšių
- ⅓ puodelio virtų žirnių
- 1 tarkuota morka
- 1 valgomasis šaukštas kapotų šviežių petražolių
- 1 arbatinis šaukštelis Tamari
- 2 puodeliai panko
- $\frac{1}{4}$ puodelio Miltų
- 1 veganiškas kiaušinių pakaitalas

INSTRUKCIJOS:
- Pakepinkite svogūną, kol suminkštės. Sumaišykite visus ingredientus, išskyrus miltus, ir palikite atvėsti.
- Iš mišinio suformuokite kotletus ir kepkite keptuvėje.

12. Grybų ir daržovių mėsos kukuliai

INGRIDIENTAI:
- 10 uncijų Daržovės, mišrios, šaldytos
- 1 veganiškas kiaušinių pakaitalas
- žiupsnelis Druskos ir pipirų
- ½ stiklinės grybų, šviežių, pjaustytų
- ½ puodelio panko
- 1 svogūnas, supjaustytas

INSTRUKCIJOS:
- Įkaitinkite orkaitę iki 350 laipsnių.
- Daržoves troškinkite, kol suminkštės
- Atidėkite į šalį, tai kieta.
- Smulkiai supjaustykite garuose virtas daržoves ir sumaišykite su veganišku kiaušiniu, druska, pipirais, grybais ir panko .
- Iš mišinio suformuokite kotletus.
- Ant lengvai aliejumi pateptos kepimo skardos išdėliokite kotletus su svogūnų griežinėliais.
- Kepkite vieną kartą apversdami, kol paruduos ir iš abiejų pusių apskrus, apie 45 minutes.

13. Tex-Mex daržovių mėsos kukuliai

INGRIDIENTAI:
- 15¼ uncijos Konservuoti viso branduolio kukurūzai
- ½ puodelio Skystis rezervuotas
- ½ puodelio kukurūzų miltų
- ½ stiklinės svogūnų, smulkiai pjaustytų
- ⅓ puodelio raudonosios paprikos, smulkiai pjaustytos
- ½ arbatinio šaukštelio laimo žievelės, tarkuotos
- ¼ puodelio virtų baltųjų ryžių
- 3 šaukštai šviežios kalendros, susmulkintos
- 4 arbatiniai šaukšteliai Jalapeno čili pipirų
- ½ arbatinio šaukštelio maltų kmynų
- 4 miltinės tortilijos, 9-10 colių

INSTRUKCIJOS:
- Sumaišykite ½ puodelio kukurūzų branduolių ir 1 šaukštą kukurūzų miltų, kol susidarys drėgni gumulėliai.
- Įpilkite ¾ puodelio kukurūzų branduolių ir apdorokite 10 sekundžių
- Perkelkite kukurūzų mišinį į sunkų neprideganti puodą.
- Įpilkite ½ puodelio kukurūzų skysčio, svogūno, paprikos ir laimo žievelės.
- Uždenkite ir virkite ant labai mažos ugnies, kol sutirštės ir sutvirtės, dažnai maišydami, 12 minučių.
- Sumaišykite su ryžiais, kalendra, jalapeño, druska ir kmynais.
- Užmeskite po ¼ mišinio ant kiekvieno iš 4 folijos gabalėlių ir suspauskite gabalėlius į ¾ colio storio kotletus.
- Paruoškite kepsninę.
- Apipurkškite abi kotletų puses neprideganciu purškikliu ir kepkite ant grotelių, kol apskrus, maždaug 5 minutes iš kiekvienos pusės.

- Kepkite tortilijas ant grotelių, kol jos taps lanksčios, maždaug 30 sekundžių kiekvienoje pusėje

14. Ant grotelių kepti pupelių kotletai

INGRIDIENTAI:
- 2 uncijos virtų mišrių pupelių
- 1 svogūnas, smulkiai pjaustytas
- 1 Morka, smulkiai sutarkuota
- 1 arbatinis šaukštelis daržovių ekstrakto
- 1 arbatinis šaukštelis džiovintų žolelių mišinio
- 1 uncijos viso miltų panko

INSTRUKCIJOS:
- Visus ingredientus sumaišykite virtuviniu kombainu arba blenderiu iki beveik vientisos masės.
- Suformuokite 4 storus kotletus ir gerai atvėsinkite.
- Aptepkite aliejumi ir kepkite ant grotelių apie 15 minučių, vieną ar du kartus apversdami.
- Patiekite sezamo padažuose su pagardais, salotomis ir bulvytėmis.

15. Svogūnai Avižos Mėsos kukuliai

INGRIDIENTAI:

- 4 puodeliai Vandens
- ½ puodelio sojos padažo su sumažintu druskos kiekiu
- ½ puodelio maistinių mielių
- 1 kubeliais pjaustytas svogūnas
- 1 valgomasis šaukštas raudonėlio
- ½ šaukšto česnako miltelių
- 1 valgomasis šaukštas džiovinto baziliko
- 4½ stiklinės senamadiškų valcuotų avižų

INSTRUKCIJOS:

- Visus ingredientus, išskyrus avižas, užvirinkite.
- Sumažinkite ugnį ir įmaišykite 4½ puodelio valcuotų avižų.
- Virkite apie 5 minutes, kol vanduo susigers.
- Užpildykite mišiniu į stačiakampę nepridegančią kepimo formą
- Kepkite 350 F. 25 minutes.
- Tada supjaustykite juos į 4 colių kvadratinius kotletus ir apverskite.
- Virkite dar 20 minučių.
- Patiekite kaip pagrindinį patiekalą, karštą arba šaltą.

16.Laukinių grybų kotletai

INGRIDIENTAI:
- 2 arbatinius šaukštelius alyvuogių aliejaus
- 1 Geltonas svogūnas, smulkiai pjaustytas
- 2 Askaloniniai česnakai, nulupti ir sumalti
- $\frac{1}{8}$ arbatinio šaukštelio druskos
- 1 puodelis sausų šitake grybų
- 2 puodeliai Portobello grybai
- 1 pakelis Tofu
- ⅓ puodelio Skrudintų kviečių gemalų
- ⅓ puodelio panko
- 2 šaukštai Lite sojos padažo
- 1 arbatinis šaukštelis Skystas dūmų kvapiosios medžiagos
- $\frac{1}{2}$ arbatinio šaukštelio granuliuoto česnako
- $\frac{3}{4}$ puodelio greitai paruošiamų avižų

INSTRUKCIJOS:
- Svogūnus, askaloninius česnakus ir druską pakepinkite alyvuogių aliejuje apie 5 minutes.
- Suminkštintus šitake grybus nukoškite ir sutrinkite virtuviniu kombainu su šviežiais grybais. Pridėti prie svogūnų.
- Virkite 10 minučių, retkarčiais pamaišydami, kad nesuliptų.
- Grybus sumaišykite su trintu tofu, sudėkite likusius ingredientus ir gerai išmaišykite.
- Sudrėkinkite rankas, kad nepriliptų ir suformuokite kotletus.
- Kepkite 25 minutes, po 15 minučių vieną kartą apverskite.

17.Tofu Tahini daržovių mėsos kukuliai

INGRIDIENTAI:
- 1 svaras tvirto tofu, nusausintas
- 1½ puodelio žalių avižinių dribsnių
- ½ stiklinės tarkuotų morkų
- 1 Susmulkintas pakepintas svogūnas
- 1 šaukštas Tahini, daugiau ar mažiau
- 1 valgomasis šaukštas sojos padažo

INSTRUKCIJOS:
- Įpilkite pasirinktų prieskonių ir žolelių mišinio.
- Ant kepimo skardų suformuokite mėsos kukulius.
- Kepkite 350 laipsnių kampu 20 minučių, apverskite ir kepkite dar 10 minučių.

18.Juodųjų pupelių ir žemės riešutų kotletai

INGRIDIENTAI:

- 1 puodelis TVP granulių
- 1 puodelis vandens
- 1 valgomasis šaukštas sojos padažo
- 15 uncijų skardinė juodųjų pupelių
- $\frac{1}{2}$ puodelio gyvybiškai svarbių kvietinių glitimo miltų
- $\frac{1}{4}$ puodelio barbekiu padažo
- 1 valgomasis šaukštas skystų dūmų
- $\frac{1}{2}$ arbatinio šaukštelio juodųjų pipirų
- 2 šaukštai žemės riešutų sviesto

INSTRUKCIJOS:

- Paruoškite TVP sumaišydami jį su vandeniu ir sojos padažu mikrobangų krosnelėje tinkamame dubenyje, sandariai uždenkite plastikine plėvele ir 5 minutes kaitinkite mikrobangų krosnelėje.
- Į paruoštą TVP įpilkite pupelių, kviečių glitimo, kepsnių padažo, skystų dūmų, pipirų ir žemės riešutų sviesto, kai jis pakankamai atvės, kad būtų galima apdoroti.
- Sutrinkite rankomis iki vientisos masės ir didžioji dalis pupelių bus sutrinta.
- Suformuokite 6 mėsos kukulius.
- Kepkite ant grotelių, aptepdami papildomu barbekiu padažu, maždaug 5 minutes kiekvienoje pusėje.

19.Veganiniai šoninės kotletai

INGRIDIENTAI:
- 1 puodelis TVP granulių
- 2 šaukštai kepsnių padažo
- 1 valgomasis šaukštas skystų dūmų
- ¼ puodelio rapsų arba il
- 1/3 puodelio žemės riešutų sviesto
- ½ puodelio gyvybiškai svarbių kvietinių glitimo miltų
- ½ puodelio veganiškos šoninės gabaliukų
- ¼ puodelio maistinių mielių
- 1 valgomasis šaukštas paprikos
- 1 valgomasis šaukštas česnako miltelių
- 1 arbatinis šaukštelis maltų juodųjų pipirų

INSTRUKCIJOS:
- Paruoškite TVP sumaišydami TVP, vandenį, kepsnių padažą ir skystus dūmus mikrobangų krosnelėje tinkamame dubenyje, sandariai uždenkite plastikine plėvele ir 5 minutes kaitinkite mikrobangų krosnelėje.
- Į TVP mišinį įpilkite aliejaus ir žemės riešutų sviesto.
- Maišymo dubenyje sumaišykite kviečių glitimą, veganų šoninės gabaliukus, mieles, papriką, česnako miltelius ir juoduosius pipirus.
- Į miltų mišinį įpilkite TVP mišinio ir minkykite, kol gerai susimaišys.
- Uždenkite ir palikite pastovėti 20 minučių.
- Suformuokite 4-6 kotletus ir paruoškite pagal pageidavimą.

20.Miežiniai avižiniai kotletai

INGRIDIENTAI:
- 1 puodelis konservuotų sviesto pupelių
- ¾ puodelio Bulgur, virtas
- ¾ puodelio miežių, virti
- ½ puodelio Greiti avižiniai dribsniai, nevirti
- 1½ šaukšto sojos padažo
- 2 šaukštai barbekiu padažo
- 1 arbatinis šaukštelis džiovinto baziliko
- ½ stiklinės svogūnų, smulkiai pjaustytų
- 1 skiltelė česnako, smulkiai susmulkinta
- 1 saliero stiebas, susmulkintas
- 1 arbatinis šaukštelis druskos
- Pipirų pagal skonį

INSTRUKCIJOS:
- Šakute arba bulvių grūstuve pupeles šiek tiek sutrinkite.
- Sudėkite likusius ingredientus ir suformuokite 6 kotletus.
- Iš abiejų pusių apšlakstykite keptuvę aliejumi ir rudais kotletais.

21.Tempeh ir graikinių riešutų mėsos kukuliai

INGRIDIENTAI:
- 8 uncijos tempeh, supjaustyti ½ colio kauliukais
- ¾ puodelio susmulkinto svogūno
- 2 česnako skiltelės, susmulkintos
- ¾ puodelio kapotų graikinių riešutų
- ½ puodelio senamadiškų arba greitai paruošiamų avižų
- 1 valgomasis šaukštas maltų šviežių petražolių
- ½ arbatinio šaukštelio džiovinto raudonėlio
- ½ arbatinio šaukštelio džiovintų čiobrelių
- ½ arbatinio šaukštelio druskos
- ¼ arbatinio šaukštelio šviežiai maltų juodųjų pipirų
- 3 šaukštai alyvuogių aliejaus

INSTRUKCIJOS:
- Puode su verdančiu vandeniu virkite tempeh 30 minučių.
- Nusausinkite ir atidėkite atvėsti.
- Virtuviniu kombainu sumaišykite svogūną ir česnaką ir sutrinkite iki susmulkinimo.
- Įpilkite atvėsintą tempehą, graikinius riešutus, avižas, petražoles, raudonėlį, čiobrelius, druską ir pipirus.
- Apdorokite, kol gerai susimaišys. Iš mišinio suformuokite 4 vienodus kotletus.
- Keptuvėje įkaitinkite aliejų ant vidutinės ugnies.
- Sudėkite mėsos kukulius ir gerai kepkite, kol apskrus iš abiejų pusių, po 7 minutes iš kiekvienos pusės.

22.Mišrūs pupelių ir avižų kotletai

INGRIDIENTAI:
- 1 valgomasis šaukštas alyvuogių aliejaus
- 1 svogūnas, susmulkintas
- 4 skiltelės česnako, susmulkintos
- 1 morka, susmulkinta
- 1 arbatinis šaukštelis maltų kmynų
- 1 arbatinis šaukštelis čili miltelių
- Pipirų pagal skonį
- 15 *uncijų* pinto pupelių, nuplautų, nusausintų ir sutrintų
- 15 *uncijų* juodųjų pupelių, nuplautų, nusausintų ir sutrintų
- 1 valgomasis šaukštas kečupo
- 2 šaukštai Dižono garstyčių
- 2 šaukštai sojos padažo
- 1½ stiklinės avižų
- ½ puodelio salsos

INSTRUKCIJOS:
- Į keptuvę ant ugnies įpilkite alyvuogių aliejaus.
- Kepkite svogūną 2 minutes, dažnai maišydami.
- Įmaišykite česnaką. Tada virkite 1 minutę.
- Suberkite morkas, maltus kmynus ir čili miltelius.
- Virkite maišydami 2 minutes.
- Morkų mišinį perkelkite į dubenį.
- Įmaišykite trintas pupeles, kečupą, garstyčias, sojos padažą ir avižas.
- Suformuokite mėsos kukulius.
- Kepkite mėsos kukulius ant grotelių 4-5 minutes kiekvienoje pusėje.

23. Tempeh ir graikinių riešutų mėsos kukuliai

INGRIDIENTAI:
- 8 uncijos tempeh, supjaustyti ½ colio kauliukais
- ¾ puodelio susmulkinto svogūno
- 2 česnako skiltelės, susmulkintos
- ¾ puodelio kapotų graikinių riešutų
- ½ puodelio senamadiškų arba greitai paruošiamų avižų
- 1 valgomasis šaukštas maltų šviežių petražolių
- ½ arbatinio šaukštelio džiovinto raudonėlio
- ½ arbatinio šaukštelio džiovintų čiobrelių
- ½ arbatinio šaukštelio druskos
- ¼ arbatinio šaukštelio šviežiai maltų juodųjų pipirų
- 3 šaukštai alyvuogių aliejaus

INSTRUKCIJOS:
- Puode su verdančiu vandeniu virkite tempeh 30 minučių.
- Nusausinkite ir atidėkite atvėsti.
- Virtuviniu kombainu sumaišykite svogūną ir česnaką ir sutrinkite iki susmulkinimo.
- Įpilkite atvėsintą tempehą, graikinius riešutus, avižas, petražoles, raudonėlį, čiobrelius, druską ir pipirus.
- Apdorokite, kol gerai susimaišys. Iš mišinio suformuokite 4 vienodus kotletus.
- Keptuvėje įkaitinkite aliejų ant vidutinės ugnies.
- Sudėkite mėsos kukulius ir kepkite, kol gerai iškeps ir apskrus iš abiejų pusių, maždaug 7 minutes iš kiekvienos pusės.

24.Makadamija-Carrrot Mėsos kukuliai

INGRIDIENTAI:
- 1 puodelis kapotų makadamijų riešutų
- 1 puodelis kapotų anakardžių
- 1 morka, tarkuota
- 1 svogūnas, susmulkintas
- 1 česnako skiltelė, susmulkinta
- 1 jalapeño arba kitas žalias čili, išskobtas ir sumaltas
- 1 puodelis senamadiškų avižų
- 1 puodelis sausų nepagardintų migdolų miltų
- 2 šaukštai maltos šviežios kalendros
- ½ arbatinio šaukštelio maltos kalendros
- Druska ir šviežiai malti juodieji pipirai
- 2 arbatinius šaukštelius šviežių laimo sulčių
- Rapsų arba vynuogių kauliukų aliejus, skirtas kepti

INSTRUKCIJOS:
- Virtuvės kombainu sumaišykite makadamijos riešutus, anakardžius, morkas, svogūną, česnaką, čili, avižas, migdolų miltus, kalendrą, kalendrą ir druską bei pipirus pagal skonį.
- Apdorokite, kol gerai susimaišys. Įpilkite laimo sulčių ir maišykite, kol gerai susimaišys.
- Paragaukite, jei reikia pakoreguokite prieskonius.
- Iš mišinio suformuokite 4 vienodus kotletus.
- Keptuvėje ant vidutinės ugnies įkaitinkite ploną aliejaus sluoksnį.
- Sudėkite mėsos kukulius ir kepkite iki auksinės rudos spalvos iš abiejų pusių, apversdami vieną kartą apie 10 minučių.

25. Kariuoti avinžirnių kukuliai

INGRIDIENTAI:
- 3 šaukštai alyvuogių aliejaus
- 1 svogūnas, susmulkintas
- 1½ arbatinio šaukštelio karšto arba švelnaus kario miltelių
- ½ arbatinio šaukštelio druskos
- 1/8 arbatinio šaukštelio malto kajeno
- 1 puodelis virtų avinžirnių
- 1 valgomasis šaukštas kapotų šviežių petražolių
- ½ puodelio kvietinių glitimo miltų
- 1/3 stiklinės sausų nepagardintų migdolų miltų

INSTRUKCIJOS:
- Keptuvėje ant vidutinės ugnies įkaitinkite 1 valgomąjį šaukštą aliejaus.
- Sudėkite svogūną, uždenkite ir kepkite, kol suminkštės, 5 minutes. Įmaišykite 1 arbatinį šaukštelį kario miltelių, druskos ir kajeno ir nukelkite nuo ugnies. Atidėti.
- Virtuvės kombainu sumaišykite avinžirnius, petražoles, kvietinius glitimo miltus, migdolų miltus ir virtus svogūnus.
- Iš avinžirnių mišinio suformuokite 4 vienodus kotletus ir atidėkite į šalį.
- Keptuvėje ant vidutinės ugnies įkaitinkite likusius 2 šaukštus aliejaus.
- Sudėkite mėsos kukulius, uždenkite ir kepkite iki auksinės rudos spalvos iš abiejų pusių, vieną kartą apversdami, maždaug 5 minutes iš kiekvienos pusės.
- Dubenyje sumaišykite likusį ½ arbatinio šaukštelio kario miltelių su majonezu tai susimaišo.

26.Pinto pupelių mėsos kukuliai su Mayo

INGRIDIENTAI:
- 1½ puodelio virtų pinto pupelių
- 1 askaloninis česnakas, susmulkintas
- 1 česnako skiltelė, susmulkinta
- 2 šaukštai susmulkintos šviežios kalendros
- 1 arbatinis šaukštelis kreolų prieskonių
- ¼ puodelio kvietinių glitimo miltų
- Druska ir šviežiai malti juodieji pipirai
- ½ puodelio sausų nepagardintų migdolų miltų
- 2 arbatinius šaukštelius šviežių laimo sulčių
- 1 serrano čili, išskobtas ir sumaltas
- 2 šaukštai alyvuogių aliejaus

INSTRUKCIJOS:
- Nuvalykite pupeles popieriniais rankšluosčiais, kad sugertų drėgmės perteklių.
- Virtuvės kombainu sumaišykite pupeles, askaloninius česnakus, česnaką, kalendrą, kreolų prieskonius, miltus ir druską bei pipirus pagal skonį. Apdorokite, kol gerai susimaišys.
- Iš mišinio suformuokite 4 vienodus kotletus, jei reikia, įberkite daugiau miltų.
- Migdolų miltuose apvoliokite kotletus. Šaldykite 20 minučių.
- Dubenyje sumaišykite majonezą, laimo sultis ir serrano čili.
- Pagardinkite druska ir pipirais pagal skonį, gerai išmaišykite ir šaldykite, kol paruošite patiekti.
- Keptuvėje įkaitinkite aliejų ant vidutinės ugnies.

- Sudėkite mėsos kukulius ir kepkite, kol apskrus ir iš abiejų pusių taps traškūs, maždaug 5 minutes kiekvienoje pusėje.

27. Lęšių, grybų ir ryžių kotletai

INGRIDIENTAI:

- ¾ puodelio Lęšiai
- 1 Saldžiosios bulvės
- 10 Švieži špinatų lapai
- 1 puodelis Švieži grybai, susmulkinti
- ¾ puodelio migdolų miltai
- 1 šaukštelis Estragonas
- 1 šaukštelis Česnako milteliai
- 1 šaukštelis Petražolių dribsniai
- ¾ puodelio Ilgagrūdžiai ryžiai

INSTRUKCIJOS:

- Virkite ryžius, kol išvirs ir šiek tiek sulips, o lęšius – kol suminkštės. Šiek tiek atvėsinkite.
- Smulkiai sumalkite nuluptą saldžiąją bulvę ir virkite, kol suminkštės. Šiek tiek atvėsinkite.
- Špinatų lapus reikia nuplauti ir smulkiai susmulkinti.
- Sumaišykite visus ingredientus ir prieskonius, įberkite druskos ir pipirų pagal skonį.
- Atšaldykite šaldytuve 15-30 min.
- Suformuokite kotletus ir patroškinkite keptuvėje arba ant daržovių kepsninės.
- Būtinai patepkite arba apipurkškite keptuvę Pam, nes šie kotletai linkę prilipti.

8. Šitake ir avižiniai kotletai

INGRIDIENTAI:

- 8 uncijos valcuotos avižos
- 4 uncijos veganiško mocarelos sūrio
- 3 uncijos Shiitake grybų, supjaustytų kubeliais
- 3 uncijos kubeliais supjaustyto baltojo svogūno
- 2 česnako skiltelės susmulkintos
- 2 uncijos raudonųjų pipirų, supjaustytų kubeliais
- 2 uncijos cukinijos kauliukai

INSTRUKCIJOS:

- Visus ingredientus sumaišykite virtuviniu kombainu.
- Paspauskite įjungimo/išjungimo jungiklį, kad apytiksliai sumaišytumėte ingredientus.
- Nepermaišykite. Galutinį maišymą galima atlikti rankomis.
- Suformuokite keturių uncijų kotletus.
- Į keptuvę įpilkite tam tikrą kiekį alyvuogių aliejaus.
- Kai keptuvė įkaista, sudėkite mėsos kukulius.
- Kepkite vieną minutę iš kiekvienos pusės.

29. Avižiniai ir veganiški mocarelos kukuliai

INGRIDIENTAI:

- ½ stiklinės žalio svogūno, supjaustyto
- ¼ puodelio žaliųjų pipirų, supjaustytų
- ¼ puodelio petražolių, kapotų
- ¼ arbatinio šaukštelio baltųjų pipirų
- 2 česnako skiltelės, supjaustytos kubeliais
- ½ puodelio Vegan Mozzarella sūrio, tarkuoto
- ¾ puodelio rudųjų ryžių
- ⅓ puodelio vandens arba baltojo vyno
- ½ stiklinės morkų, susmulkintų
- ⅔ stiklinės svogūno, susmulkinto
- 3 salierų stiebeliai, susmulkinti
- 1¼ arbatinio šaukštelio prieskoninės druskos
- ¾ arbatinio šaukštelio čiobrelių
- ½ puodelio veganiško Čedaro sūrio, tarkuoto
- 2 puodeliai greitų avižų
- ¾ puodelio bulgur kviečių

INSTRUKCIJOS:

- Išvirkite ryžius ir bulgur kviečius.
- Troškinkite daržoves 3 minutes uždengtoje keptuvėje, vieną ar du kartus pamaišydami.
- Kruopščiai nusausinkite ir sumaišykite su ryžiais ir veganišku sūriu, kol sūris šiek tiek išsilydys.
- Įmaišykite likusius ingredientus.
- Suformuokite 4 uncijų mėsos kukulius.
- Kepkite apie 10 minučių kiekvieną ant grotelių, naudodami kepimo purškiklį.
- Patiekite kaip pagrindinį patiekalą.

30.Graikinių riešutų ir daržovių mėsos kukuliai

INGRIDIENTAI:

- ½ raudonojo svogūno
- 1 saliero šonkaulis
- 1 Morka
- ½ raudonosios paprikos
- 1 puodelis graikinių riešutų, skrudintų, maltų
- ½ puodelio panko
- ½ puodelio orzo makaronai
- 2 veganiški kiaušinių pakaitalai
- Druskos ir pipirų
- Avokado griežinėliai
- Raudonųjų svogūnų griežinėliai
- Catsup
- Garstyčios

INSTRUKCIJOS:

- Svogūnus salierą, morkas ir raudonąją papriką pakepinkite aliejuje, kol suminkštės
- Sudėkite česnaką, riešutus, trupinius ir ryžius. Suformuokite mėsos kukulius.
- Kepkite aliejuje iki auksinės spalvos.
- Surinkite ant dubens.

1.Maroko jamo daržovių mėsos kukuliai

INGRIDIENTAI:
- 1½ puodelio nulupto ir sutarkuoto jamo
- 2 česnako skiltelės, nuluptos
- ¾ puodelio šviežių kalendros lapų
- 1 gabalėlis šviežio imbiero, nuluptas
- 15 uncijų skardinė avinžirnių, nusausinta ir nuplaunama
- 2 šaukštus maltų linų sumaišyti su 3 šaukštais vandens
- ¾ puodelio valcuotų avižų, sumaltų į miltus
- ½ šaukšto sezamo aliejaus
- 1 valgomasis šaukštas kokoso amino rūgščių arba mažai natrio turinčio tamari
- ½ arbatinio šaukštelio smulkiagrūdės jūros druskos arba rausvos Himalajų druskos pagal skonį
- Šviežiai malti juodieji pipirai, pagal skonį
- 1½ arbatinio šaukštelio čili miltelių
- 1 arbatinis šaukštelis kmynų
- ½ arbatinio šaukštelio kalendros
- ¼ arbatinio šaukštelio cinamono
- ¼ arbatinio šaukštelio ciberžolės
- ½ puodelio kalendros ir laimo tahini padažo

INSTRUKCIJOS:
- Įkaitinkite orkaitę iki 350 F.
- Kepimo skardą išklokite pergamentiniu popieriumi.
- Susmulkinkite česnaką, kalendrą ir imbierą, kol susmulkinsite.
- Suberkite nusausintus avinžirnius ir dar kartą apdorokite, kol jie bus smulkiai supjaustyti, bet palikite šiek tiek tekstūros. Supilkite šį mišinį į dubenį.
- Dubenyje sumaišykite linų ir vandens mišinį.

- Blenderiu arba virtuviniu kombainu sumalkite avižas į miltus.
- Įmaišykite jį į mišinį kartu su linų mišiniu.
- Dabar įmaišykite aliejų, aminorūgštis / tamarius, druską / pipirus ir prieskonius, kol gerai susimaišys. Jei norite, pakoreguokite pagal skonį.
- Suformuokite 6-8 kukulius, tvirtai supakuokite mišinį. Padėkite ant kepimo skardos.
- Kepkite 15 minučių, tada atsargiai apverskite ir kepkite dar 18-23 minutes, kol taps auksinės spalvos ir tvirtai. Šaunu, p.

32.Lešių, pistacijų ir šitake kotletai

INGRIDIENTAI:

- 3 askaloniniai česnakai, supjaustyti kubeliais
- 2 arbatinius šaukštelius alyvuogių aliejaus
- $\frac{1}{2}$ puodelio juodųjų lęšių, nuplauti
- 6 džiovintų šitake grybų kepurėlių
- $\frac{1}{2}$ puodelio pistacijų
- $\frac{1}{4}$ puodelio šviežių petražolių, kapotų
- $\frac{1}{4}$ puodelio gyvybiškai svarbaus kviečių glitimo
- 1 valgomasis šaukštas Ener-G, išplaktas su $\frac{1}{8}$ puodelio vandens
- 2 arbatiniai šaukšteliai džiovinto trinto šalavijo
- $\frac{1}{2}$ arbatinio šaukštelio druskos
- $\frac{1}{4}$ arbatinio šaukštelio maltų pipirų

INSTRUKCIJOS:

- Supjaustytus askaloninius česnakus pakepinkite su aliejumi ant silpnos ugnies. Atidėti.
- Užvirinkite tris puodelius vandens.
- Įpilkite lęšių ir džiovintų šitake kepurėlių ir uždėkite dangtelį ant puodo, kad gaminant galėtų išeiti šiek tiek garų.
- Virkite 18-20 minučių, tada supilkite į plono tinklelio sietelį, kad nuvarvėtų ir atvėstų.
- Išimkite šitake iš lęšių ir supjaustykite juos kubeliais, išmesdami kietus stiebus.
- Pistacijas sudėkite į virtuvinį kombainą ir stambiai sumalkite.
- Į dubenį sudėkite askaloninius česnakus, lęšius, kubeliais pjaustytas šitake kepures, pistacijas ir petražoles ir maišykite, kol gerai susimaišys.

- Įpilkite gyvybiškai svarbaus kviečių glitimo ir išmaišykite.
- Įpilkite vandens/Energ-G mišinio ir maišykite maždaug dvi minutes stipria šakute, kad susidarytų glitimas.
- Įpilkite šalavijų, druskos ir pipirų ir maišykite, kol gerai susimaišys.
- Norėdami kepti kotletus, suformuokite juos į kotletus, formuodami mišinį šiek tiek suspauskite.
- Kepkite keptuvėje su trupučiu alyvuogių aliejaus po 2-3 minutes iš kiekvienos pusės arba kol šiek tiek apskrus.

3. Daug baltymų turintys veganiški mėsos kukuliai

INGRIDIENTAI:

- 1 puodelis tekstūruotų augalinių baltymų
- ½ puodelio virtų raudonųjų pupelių
- 3 šaukštai aliejaus
- 1 valgomasis šaukštas klevų sirupo
- 2 šaukštai pomidorų pastos
- 1 valgomasis šaukštas sojos padažo
- 1 valgomasis šaukštas maistinių mielių
- ½ arbatinio šaukštelio maltų kmynų
- ¼ arbatinio šaukštelio: maltos paprikos čili miltelių, česnako miltelių, svogūnų miltelių, raudonėlio
- ⅛ arbatinio šaukštelio skystų dūmų
- ¼ puodelio vandens arba burokėlių sulčių
- ½ puodelio gyvybiškai svarbaus kviečių glitimo

INSTRUKCIJOS:

- Puodą vandens užvirinkite.
- Įpilkite tekstūruotų augalinių baltymų ir leiskite virti 10-12 minučių.
- Nusausinkite TVP ir keletą kartų nuplaukite.
- Suspauskite TVP rankomis, kad pašalintumėte drėgmės perteklių.
- Į virtuvinio kombaino dubenį supilkite virtas pupeles, aliejų, klevų sirupą, pomidorų pastą, sojos padažą, maistines mieles, prieskonius, skystus dūmus ir vandenį.
- Apdorokite 20 sekundžių, nugremždami šonus ir dar kartą, kol susidarys tyrė.
- Įpilkite rehidratuoto TVP ir apdorokite 7-10 sekundžių arba tol, kol TVP gerai susmulkins.
- Perkelkite mišinį į maišymo dubenį ir įpilkite gyvybiškai svarbaus kviečių glitimo.

- Išmaišykite ir minkykite rankomis 2-3 minutes, kad susidarytų glitimas.
- Padalinkite mišinį į 3 ir suformuokite kotletus.
- Kiekvieną mėsos kukulį atsargiai įvyniokite į pergamentinį popierių, o po to į aliuminio foliją.
- Suvyniotus kotletus sudėkite į greitpuodį ir kepkite $1\frac{1}{2}$ valandos.
- Iškepusius kotletus išvyniokite ir leiskite atvėsti 10 minučių.
- Mėsos kukulius apkepkite šiek tiek aliejaus iki auksinės rudos spalvos iš abiejų pusių.
- Mėsos kukuliai šaldytuve išsilaikys iki 4 dienų.

34. Tofu rutuliukai

INGRIDIENTAI:
- 6 puodeliai vandens; verdantis
- 5 puodeliai tofu; subyrėjo
- 1 puodelis pilno grūdo duonos trupinių
- ¼ puodelio Tamari
- ¼ puodelio maistinių mielių
- ¼ puodelio žemės riešutų sviesto
- Kiaušinių pakaitalas 1 kiaušiniui
- ½ stiklinės svogūnų; smulkiai supjaustyta
- 4 Česnako skiltelės; prispaustas
- 1 arbatinis šaukštelis čiobrelių
- 1 arbatinis šaukštelis bazilikas
- ¼ arbatinio šaukštelio salierų sėklų
- ¼ arbatinio šaukštelio gvazdikėlių; žemės

INSTRUKCIJOS:
- Į verdantį vandenį įmeskite visą susmulkintą tofu, išskyrus 1 puodelį. Paspauskite tofu .
- suberkite likusius ingredientus ir gerai išmaišykite .
- Formuoti mišinio supilkite į graikinio riešuto dydžio rutuliukus ir padėkite juos ant gerai aliejumi išteptos sausainių skardos.
- Kepkite 350 laipsnių temperatūroje 20-25 minutes arba tol, kol rutuliukai bus tvirti ir rudi.
- Jei reikia, kepimo metu juos vieną kartą apverskite.

35. Žiedinių kopūstų, pupelių ir špinatų kotletas su

INGRIDIENTAI:

- 9 uncijų žiedinių kopūstų žiedynai, virti
- 7 uncijos šaldytų kapotų špinatų, atšildytų
- 400 g juodųjų pupelių, nusausintų
- 2 česnako skiltelės, susmulkintos arba sutarkuotos
- 2 arbatinius šaukštelius sojos padažo
- 1 arbatinis šaukštelis sumaišytų džiovintų žolelių

INSTRUKCIJOS:

- Žiedinių kopūstų žiedynus išvirkite puode su verdančiu vandeniu.
- Žiedinį kopūstą sutarkuokite į dubenį, tada suberkite špinatus, pupeles, česnaką, sojų padažą ir sumaišytas žoleles.
- Sutrinkite mišinį kartu su bulvių trintuvu, kad susidarytų šiurkšti pasta.
- Avižas sutrinkite iki smulkių miltelių, tada suberkite į dubenį ir išmaišykite.
- Susukite mišinį į rutuliukus.
- Pakepinkite daržovių rutuliukus partijomis iki auksinės rudos spalvos.

36.Orkaitėje kepti veganiški kotletai

INGRIDIENTAI:
- 1 valgomasis šaukštas maltų linų sėmenų
- ¼ puodelio + 3 šaukštai daržovių sultinio
- 1 didelis svogūnas, nuluptas ir supjaustytas ketvirčiais
- 2 česnako skiltelės, nuluptos
- 1½ augalinės mėsos kukulių
- 1 puodelis duonos trupinių
- ½ puodelio veganiško parmezano sūrio
- 2 šaukštai šviežių petražolių, smulkiai pjaustytų
- Druska ir pipirai, pagal skonį
- Kepimo aliejaus purškalas

INSTRUKCIJOS:
- Sudėkite svogūną ir česnaką į virtuvinį kombainą ir kaitinkite iki tyrės.
- Į didelį maišymo dubenį įpilkite linų kiaušinio, ¼ puodelio daržovių sultinio, tyrės svogūno ir česnako, Impossible mėsos kukulių, duonos trupinių, veganiško parmezano sūrio, petražolių ir žiupsnelio druskos bei pipirų. Gerai išmaišykite, kad susimaišytų.
- Iš veganiško mėsos kukulių mišinio į 32 rutuliukus .
- Sudėkite veganiškus kotletus ant išklotos kepimo skardos ir kepkite orkaitėje apie 10 minučių arba iki auksinės rudos spalvos.

37.Grybų ir anakardžių parmezano kotletai

INGRIDIENTAI:
- 1 valgomasis šaukštas alyvuogių aliejaus
- 1 svaras šviežių baltųjų grybų
- 1 žiupsnelis druskos
- 1 valgomasis šaukštas sviesto
- ½ puodelio smulkiai supjaustyto svogūno
- 4 skiltelės česnako, susmulkintos
- ½ puodelio greitai paruošiamų avižų
- 1 uncija anakardžių parmezano
- ½ puodelio duonos trupinių
- ¼ puodelio kapotų plokščialapių petražolių
- 2 kiaušiniai, padalinti
- 1 arbatinis šaukštelis druskos
- šviežiai maltų juodųjų pipirų pagal skonį
- 1 žiupsnelis kajeno pipirų arba pagal skonį
- 1 žiupsnelis džiovintų raudonėlių
- 3 puodeliai makaronų padažo
- 1 valgomasis šaukštas anakardžių parmezano
- 1 valgomasis šaukštas susmulkintų plokščialapių petražolių

INSTRUKCIJOS:
- Keptuvėje ant vidutinės-stiprios ugnies įkaitinkite alyvuogių aliejų.
- Į karštą aliejų suberkite grybus, pabarstykite druska ir kaitinkite, kol išgaruos skystis nuo grybų.
- Įmaišykite sviestą į grybus, sumažinkite ugnį iki vidutinės ir kepkite ir maišykite grybus iki auksinės rudos spalvos, maždaug 5 minutes.

38. Cremini ir lęšių mėsos kukuliai

INGRIDIENTAI:

- 1 puodelis džiovintų lęšių
- ¼ puodelio alyvuogių aliejaus
- 1 svogūnas, apie 1 puodelis susmulkintas
- 8 uncijos Cremini grybų
- 3 česnako skiltelės, susmulkintos
- 1½ puodelio Panko džiūvėsėlių
- Žiupsnelis itališkų prieskonių ir kajeno
- 2½ šaukštelio druskos, padalinta
- 2 Kiaušiniai
- 1 puodelis veganiško parmezano sūrio

INSTRUKCIJOS:

- Dideliame dubenyje sumaišykite pomidorų puseles, 1 arbatinį šaukštelį itališkų prieskonių, 1 arbatinį šaukštelį druskos ir ¼ puodelio alyvuogių aliejaus.
- Grybus sutrinkite virtuviniu kombainu, kol jie taps maždaug žirnių dydžio.
- Kai aliejus įkaista, suberkite svogūną ir pakepinkite apie 3 minutes, kol taps skaidrus. Suberkite česnaką ir grybus ir patroškinkite .
- Dideliame dubenyje sumaišykite grybų lęšių mišinį kartu su panko duonos trupiniais ir prieskoniais.
- Suformuokite rutuliukus ir kepkite.

39. Citrininiai raudonėlio mėsos kukuliai

INGRIDIENTAI:
- 1 valgomasis šaukštas maltų linų sėmenų
- 1 šaukštas alyvuogių aliejaus ir papildomai
- 1 mažas geltonas svogūnas ir 3 skiltelės česnako
- Žiupsnelis raudonėlių, svogūnų miltelių, tamari
- ½ arbatinio šaukštelio maltų čili pipirų
- jūros druskos ir maltų juodųjų pipirų pagal skonį
- 1½ šaukšto citrinos sulčių ir žievelės
- 1 puodelis graikinių riešutų puselių
- ¾ puodelio valcuotų avižų
- 1½ puodelio virtų baltųjų pupelių
- ¼ puodelio šviežių petražolių ir ¼ puodelio šviežių krapų

INSTRUKCIJOS:
- Mažame dubenyje sumaišykite maltus linus ir vandenį.
- Pakepinkite svogūnus ir suberkite česnaką bei raudonėlį.
- Į keptuvę įpilkite maistinių mielių, čili, svogūnų miltelių, druskos ir pipirų ir maišykite apie 30 sekundžių.
- Supilkite jų citrinos sultis.
- Plakite graikinius riešutus, pupeles ir avižas, kol gausite rupų patiekalą.
- Įpilkite linų želė mišinio, troškinto svogūno ir česnako mišinio, tamari, citrinos žievelės, petražolių, krapų ir didelius žiupsnelius druskos ir pipirų.
- Susukite į rutulį ir kepkite kotletus 25 minutes.

40. Su Riracha avinžirnių kotletais

INGRIDIENTAI:
- 1 valgomasis šaukštas linų sėmenų miltų
- 14 uncijų skardinė avinžirnių, nusausinta ir nuplaunama
- 1 ½ puodelio virto farro
- ¼ puodelio senamadiškų avižų
- 2 skiltelės česnako, suspaustos
- 1 arbatinis šaukštelis smulkiai tarkuoto imbiero šaknies
- ½ arbatinio šaukštelio druskos
- 1 šaukštas karšto čili sezamo aliejaus
- 1 valgomasis šaukštas sriracha

INSTRUKCIJOS:
- Įkaitinkite orkaitę iki 400 laipsnių pagal Farenheitą. Skardą išklokite folija ir atidėkite į šalį.
- Linų sėmenų miltus sumaišykite su 3 šaukštais vandens; Skorpionas.
- Atidėkite pailsėti 5 minutes.
- Avinžirnius, farro, avižas, česnaką, imbierą, druską, sezamų aliejų ir sriracha sudėkite į didelio virtuvinio kombaino arba trintuvo dubenį.
- Supilkite likusį linų kiaušinį ir plakite, kol ingredientai susijungs.
- Supilkite mišinį į vieno šaukšto rutuliukus ir kepkite .

41. Veganiški grybų kotletai

INGRIDIENTAI:

- 1 valgomasis šaukštas maltų linų sėmenų
- 3 šaukštai vandens
- 4 uncijos baby Bella grybas
- ½ puodelio supjaustyto svogūno
- 1 valgomasis šaukštas alyvuogių aliejaus padalintas
- ¼ arbatinio šaukštelio druskos
- 1 valgomasis šaukštas sojos padažo
- 1 valgomasis šaukštas itališkų prieskonių
- 1 uncijos skardinė nusausintų avinžirnių
- 1 puodelis paprastų džiūvėsėlių
- 1 valgomasis šaukštas maistinių mielių

INSTRUKCIJOS:

- Smulkiai supjaustykite grybus ir supjaustykite svogūną.
- Vidutinėje keptuvėje ant vidutinės ugnies įkaitinkite 1 šaukštą alyvuogių aliejaus.
- Sudėkite grybus ir svogūną ir pabarstykite ¼ arbatinio šaukštelio druskos.
- Troškinkite 5 minutes arba kol grybai suminkštės.
- Įpilkite sojos padažo ir itališkų prieskonių ir dar minutę virkite.
- Avinžirnius, linų kiaušinį, džiūvėsėlius, maistines mieles ir troškintus svogūnus bei grybus sumaišykite virtuvės kombainu su standartiniu peiliuku.
- Pulsuoja tol, kol dažniausiai sugenda. Kai kurie maži avinžirnių ar grybų gabaliukai vis tiek turėtų išlikti.
- Švariomis rankomis susukite kotletų mišinį į 12 maždaug stalo teniso dydžio rutuliukų.
- Kepkite 30 minučių 350 laipsnių orkaitėje .

42. Spagečiai su daržovėmis ir kotletais

INGRIDIENTAI:

- 3 Svogūnai
- ½ svaro Grybai, supjaustyti
- 4 šaukštai Alyvuogių aliejus
- 1 skardinė pomidorų
- 1 skardinė Pomidorų pasta
- 1 Saliero stiebas susmulkintas
- 3 Morkos sutarkuotos
- 6 šaukštai Sviestas
- 3 Kiaušiniai sumušti
- 1½ puodelio Matzo miltų
- 2 stiklinės virtų žaliųjų žirnelių
- 1 arbatinis šaukštelis druskos
- ¼ arbatinio šaukštelio pipirų
- 1 svaras Spagečiai, virti
- Tarkuotas veganiškas sūris

INSTRUKCIJOS:

- Supjaustytus svogūnus ir grybus pakepinkite aliejuje 10 minučių.
- Sudėkite pomidorus, pomidorų pastą ir raudonėlį.
- Uždenkite ir virkite ant silpnos ugnies 1 valandą. Teisingas prieskonis.
- Susmulkintus svogūnus, salierus ir morkas pakepinkite per pusę sviesto 15 minučių. Saunus.
- Įdėkite kiaušinius, 1 puodelį matzo miltų, žirnelius, druską ir pipirus.
- Susukite į mažus rutuliukus ir pamerkite į likusius matzo miltus.
- ☑

43. Tempeh ir svogūnų kotletai

INGRIDIENTAI:
MĖSĖS BULĖLIS
- ½ mažo raudonojo svogūno, supjaustyto
- 8 uncijos tempeh, susmulkinti
- 3 skiltelės česnako, susmulkintos
- 1 valgomasis šaukštas aliejaus, padalintas
- 3 šaukštai paprasto, nesaldinto veganiško jogurto
- ½ puodelio džiūvėsėlių
- 1 arbatinis šaukštelis smulkios jūros druskos

TADOORI PIESKOVIŲ MIŠINIS:
- 1½ arbatinio šaukštelio paprikos
- ½ arbatinio šaukštelio kalendros
- ½ arbatinio šaukštelio imbiero
- ¼ arbatinio šaukštelio kmynų
- ¼ arbatinio šaukštelio kardamono
- ¼ arbatinio šaukštelio ciberžolės
- ¼ arbatinio šaukštelio garam masala
- ¼ arbatinio šaukštelio kajeno

INSTRUKCIJOS:
- Įkaitinkite orkaitę iki 375 laipsnių F (190 C) ir kepimo skardą išklokite pergamentiniu popieriumi.
- Nedideliame dubenyje sumaišykite 8 ingredientus, kurie sudaro prieskonių mišinį. Atidėti.
- Įkaitinkite didelę keptuvę ant vidutinės ugnies.
- Įpilkite 1 arbatinį šaukštelį aliejaus ir kepkite svogūną ir tempeh 5–7 minutes arba tol, kol tempeh bus auksinės spalvos.
- Įdėkite tempehą ir svogūną į vieną keptuvės pusę, o likusius 2 arbatinius šaukštelius aliejaus įpilkite į kitą keptuvės pusę.

- Įdėkite česnaką ir prieskonių mišinį tiesiai į aliejų.
- Išmaišykite, tada sumaišykite su tempe ir svogūnais.
- Dažnai maišydami virkite 1 minutę ir nukelkite nuo ugnies.
- Tempeh mišinį perkelkite į virtuvinį kombainą.
- Pulsuokite 5 ar 6 kartus arba tol, kol didžioji dalis bus susmulkinta ir vienoda.
- Suberkite džiūvėsėlius, druską ir jogurtą ir maišykite, kol gerai susimaišys.
- Naudokite šaukštą arba nedidelį sausainių samtelį, kad išdalytumėte mėsos kukulius.
- Pasukite tarp delnų ir padėkite ant išklotos kepimo skardos.
- Kepkite 25–28 minutes, pusiaukelėje apversdami.

4.Lęšių ir grybų kotletai

INGRIDIENTAI:

- 1 puodelis virtų lęšių
- 1 puodelis grybų, smulkiai pjaustytų
- 1/2 puodelio džiūvėsėlių
- 1/4 puodelio tarkuoto parmezano sūrio
- 1 nedidelis svogūnas, smulkiai pjaustytas
- 2 skiltelės česnako, susmulkintos
- 1 valgomasis šaukštas kapotų šviežių petražolių
- 1 arbatinis šaukštelis džiovintų raudonėlių
- Druska ir pipirai pagal skonį
- 1 kiaušinis, sumuštas

INSTRUKCIJOS:

- Dideliame dubenyje sumaišykite visus ingredientus ir gerai išmaišykite.
- Iš mišinio suformuokite mažus kotletus.
- Keptuvėje ant vidutinės ugnies įkaitinkite šiek tiek aliejaus.
- Kepkite kotletus, kol paruduos ir iškeps, apie 10–12 minučių.
- Patiekite su mėgstamu padažu ar makaronais.

45. Saldžiųjų bulvių ir juodųjų pupelių mėsos kukuliai

INGRIDIENTAI:

2 puodeliai saldžiųjų bulvių košės
1 puodelis virtų juodųjų pupelių, nusausintų ir nuplautų
1/2 puodelio džiūvėsėlių
1/4 puodelio pjaustytų žaliųjų svogūnų
2 skiltelės česnako, susmulkintos
1 arbatinis šaukštelis maltų kmynų
1/2 arbatinio šaukštelio rūkytos paprikos
Druska ir pipirai pagal skonį
1 kiaušinis, sumuštas

INSTRUKCIJOS:

Dideliame dubenyje sumaišykite visus ingredientus ir gerai išmaišykite.

Iš mišinio suformuokite kotletus ir padėkite juos ant kepimo skardos.

Kepkite iki 375°F (190°C) įkaitintoje orkaitėje 20-25 minutes arba kol apskrus ir taps traškūs.

Patiekite su skrudintų daržovių šonu arba sumuštiniame.

46. Žiedinių kopūstų ir avinžirnių kukuliai

INGRIDIENTAI:

2 stiklinės žiedinių kopūstų žiedynų, virtų garuose ir smulkiai pjaustytų
1 puodelis virtų avinžirnių, sutrintų
1/2 puodelio džiūvėsėlių
1/4 puodelio tarkuoto parmezano sūrio
1 nedidelis svogūnas, smulkiai pjaustytas
2 skiltelės česnako, susmulkintos
1 valgomasis šaukštas susmulkintos šviežios kalendros
1 arbatinis šaukštelis maltų kmynų
Druska ir pipirai pagal skonį
1 kiaušinis, sumuštas

INSTRUKCIJOS:

Dideliame dubenyje sumaišykite visus ingredientus ir gerai išmaišykite.

Iš mišinio suformuokite kotletus ir padėkite juos ant riebalais išteptos kepimo skardos.

Kepkite iki 375°F (190°C) įkaitintoje orkaitėje 20-25 minutes arba iki auksinės rudos spalvos.

Patiekite su mėgstamu padažu arba kaip salotų užpilą.

7. Cukinijos ir kvinojos mėsos kukuliai

INGRIDIENTAI:

2 puodeliai tarkuotų cukinijų
1 puodelis virtos quinoa
1/2 puodelio džiūvėsėlių
1/4 puodelio tarkuoto parmezano sūrio
1 nedidelis svogūnas, smulkiai pjaustytas
2 skiltelės česnako, susmulkintos
1 valgomasis šaukštas susmulkinto šviežio baziliko
1 arbatinis šaukštelis džiovintų raudonėlių
Druska ir pipirai pagal skonį
1 kiaušinis, sumuštas

INSTRUKCIJOS:

Sutarkuotas cukinijas sudėkite į švarų virtuvinį rankšluostį ir išspauskite drėgmės perteklių.

Dideliame dubenyje sumaišykite cukinijas, kvinoją, džiūvėsėlius, parmezano sūrį, svogūną, česnaką, baziliką, raudonėlį, druską, pipirus ir kiaušinį. Gerai ismaisyti.

Iš mišinio suformuokite kotletus ir padėkite juos ant kepimo skardos.

Kepkite iki 375°F (190°C) įkaitintoje orkaitėje 20-25 minutes arba iki auksinės rudos spalvos.

Patiekite su marinara padažu arba mėgaukitės sumuštiniu.

48. Špinatų ir fetos mėsos kukuliai

INGRIDIENTAI:

2 puodeliai susmulkintų špinatų, išvirti ir nusausinti
1 puodelis trupinto fetos sūrio
1/2 puodelio džiūvėsėlių
1/4 puodelio smulkintų šviežių krapų
2 skiltelės česnako, susmulkintos
1 nedidelis svogūnas, smulkiai pjaustytas
1/4 arbatinio šaukštelio muskato riešuto
Druska ir pipirai pagal skonį
1 kiaušinis, sumuštas

INSTRUKCIJOS:

Dideliame dubenyje sumaišykite visus ingredientus ir gerai išmaišykite.

Iš mišinio suformuokite kotletus ir padėkite juos ant kepimo skardos.

Kepkite iki 375°F (190°C) įkaitintoje orkaitėje 20-25 minutes arba iki auksinės rudos spalvos.

Patiekite su tzatziki padažu ir pita duona.

49. Brokoliai ir Čederio mėsos kukuliai

INGRIDIENTAI:

2 puodeliai smulkiai pjaustytų brokolių žiedynų, išvirti garuose ir nusausinti
1 puodelis susmulkinto čederio sūrio
1/2 puodelio džiūvėsėlių
1/4 puodelio tarkuoto parmezano sūrio
1 nedidelis svogūnas, smulkiai pjaustytas
2 skiltelės česnako, susmulkintos
1 valgomasis šaukštas kapotų šviežių petražolių
Druska ir pipirai pagal skonį
1 kiaušinis, sumuštas

INSTRUKCIJOS:

Dideliame dubenyje sumaišykite visus ingredientus ir gerai išmaišykite.

Iš mišinio suformuokite kotletus ir padėkite juos ant kepimo skardos.

Kepkite iki 375°F (190°C) įkaitintoje orkaitėje 20-25 minutes arba iki auksinės rudos spalvos.

Patiekite su marinara padažu arba kaip garnyrą.

10. Morkų ir avinžirnių kukuliai

INGRIDIENTAI:

2 puodeliai tarkuotų morkų
1 puodelis virtų avinžirnių, sutrintų
1/2 puodelio džiūvėsėlių
1/4 puodelio kapotų šviežių petražolių
2 skiltelės česnako, susmulkintos
1 nedidelis svogūnas, smulkiai pjaustytas
1 arbatinis šaukštelis maltų kmynų
1/2 arbatinio šaukštelio maltos kalendros
Druska ir pipirai pagal skonį
1 kiaušinis, sumuštas

INSTRUKCIJOS:

Dideliame dubenyje sumaišykite visus ingredientus ir gerai išmaišykite.

Iš mišinio suformuokite kotletus ir padėkite juos ant riebalais išteptos kepimo skardos.

Kepkite iki 375°F (190°C) įkaitintoje orkaitėje 20-25 minutes arba kol apskrus ir taps traškūs.

Patiekite su jogurtiniu padažu arba ant kuskuso.

51.Grybų ir riešutų kotletai

INGRIDIENTAI:

2 puodeliai grybų, smulkiai pjaustytų
1 puodelis graikinių riešutų, smulkiai pjaustytų
1/2 puodelio džiūvėsėlių
1/4 puodelio tarkuoto parmezano sūrio
1 nedidelis svogūnas, smulkiai pjaustytas
2 skiltelės česnako, susmulkintos
1 valgomasis šaukštas smulkintų šviežių čiobrelių
Druska ir pipirai pagal skonį
1 kiaušinis, sumuštas

INSTRUKCIJOS:

Dideliame dubenyje sumaišykite visus ingredientus ir gerai išmaišykite.

Iš mišinio suformuokite kotletus ir padėkite juos ant kepimo skardos.

Kepkite iki 375°F (190°C) įkaitintoje orkaitėje 20-25 minutes arba iki auksinės rudos spalvos.

Patiekite su kreminiu grybų padažu arba ant makaronų.

52. Burokėlių ir kvinojos mėsos kukuliai

INGRIDIENTAI:
2 puodeliai tarkuotų burokėlių
1 puodelis virtos quinoa
1/2 puodelio džiūvėsėlių
1/4 puodelio kapotų šviežių petražolių
2 skiltelės česnako, susmulkintos
1 nedidelis svogūnas, smulkiai pjaustytas
1 arbatinis šaukštelis maltų kmynų
Druska ir pipirai pagal skonį
1 kiaušinis, sumuštas

INSTRUKCIJOS:

Dideliame dubenyje sumaišykite visus ingredientus ir gerai išmaišykite.

Iš mišinio suformuokite kotletus ir padėkite juos ant kepimo skardos.

Kepkite iki 375°F (190°C) įkaitintoje orkaitėje 20-25 minutes arba kol apskrus ir taps traškūs.

Patiekite su aštriu jogurtiniu padažu arba salotose.

3.Kvinoja ir kukurūzų kukuliai

INGRIDIENTAI:

2 puodeliai virtos quinoa
1 puodelis kukurūzų branduolių
1/2 puodelio džiūvėsėlių
1/4 puodelio tarkuoto parmezano sūrio
1 nedidelis svogūnas, smulkiai pjaustytas
2 skiltelės česnako, susmulkintos
1 valgomasis šaukštas susmulkintos šviežios kalendros
1 arbatinis šaukštelis maltų kmynų
Druska ir pipirai pagal skonį
1 kiaušinis, sumuštas

INSTRUKCIJOS:

Dideliame dubenyje sumaišykite visus ingredientus ir gerai išmaišykite.

Iš mišinio suformuokite kotletus ir padėkite juos ant riebalais išteptos kepimo skardos.

Kepkite iki 375°F (190°C) įkaitintoje orkaitėje 20-25 minutes arba iki auksinės rudos spalvos.

Patiekite su salsa arba kaip taco įdarą.

54. Baklažanų ir avinžirnių kukuliai

INGRIDIENTAI:

2 puodeliai virtų baklažanų, sutrintų
1 puodelis virtų avinžirnių, sutrintų
1/2 puodelio džiūvėsėlių
1/4 puodelio tarkuoto parmezano sūrio
1 nedidelis svogūnas, smulkiai pjaustytas
2 skiltelės česnako, susmulkintos
1 valgomasis šaukštas susmulkinto šviežio baziliko
1 arbatinis šaukštelis džiovintų raudonėlių
Druska ir pipirai pagal skonį
1 kiaušinis, sumuštas

INSTRUKCIJOS:

Dideliame dubenyje sumaišykite visus ingredientus ir gerai išmaišykite.

Iš mišinio suformuokite kotletus ir padėkite juos ant kepimo skardos.

Kepkite iki 375°F (190°C) įkaitintoje orkaitėje 20-25 minutes arba kol apskrus ir taps traškūs.

Patiekite su marinara padažu ir spagečiais.

55.Bulvių ir žirnių kotletai

INGRIDIENTAI:

2 puodeliai bulvių košės
1 puodelis virtų žirnių
1/2 puodelio džiūvėsėlių
1/4 puodelio tarkuoto parmezano sūrio
1 nedidelis svogūnas, smulkiai pjaustytas
2 skiltelės česnako, susmulkintos
1 valgomasis šaukštas kapotų šviežių mėtų
Druska ir pipirai pagal skonį
1 kiaušinis, sumuštas

INSTRUKCIJOS:

Dideliame dubenyje sumaišykite visus ingredientus ir gerai išmaišykite.

Iš mišinio suformuokite kotletus ir padėkite juos ant riebalais išteptos kepimo skardos.

Kepkite iki 375°F (190°C) įkaitintoje orkaitėje 20-25 minutes arba iki auksinės rudos spalvos.

Patiekite su mėtų jogurto padažu arba kaip garnyrą.

6.Kukurūzų ir raudonųjų pipirų mėsos kukuliai

INGRIDIENTAI:

2 puodeliai kukurūzų branduolių
1 puodelis skrudintų raudonųjų paprikų, supjaustytų
1/2 puodelio džiūvėsėlių
1/4 puodelio susmulkintos šviežios kalendros
2 skiltelės česnako, susmulkintos
1 nedidelis svogūnas, smulkiai pjaustytas
1 arbatinis šaukštelis maltų kmynų
1/2 arbatinio šaukštelio rūkytos paprikos
Druska ir pipirai pagal skonį
1 kiaušinis, sumuštas

INSTRUKCIJOS:

Dideliame dubenyje sumaišykite visus ingredientus ir gerai išmaišykite.

Iš mišinio suformuokite kotletus ir padėkite juos ant kepimo skardos.

Kepkite iki 375°F (190°C) įkaitintoje orkaitėje 20-25 minutes arba iki auksinės rudos spalvos.

Patiekite su chipotle majonezo padažu arba suvyniotą.

57. Butternut moliūgų ir šalavijų mėsos kukuliai

INGRIDIENTAI:

2 puodeliai virto moliūgo, sutrinto
1 puodelis džiūvėsėlių
1/4 puodelio tarkuoto parmezano sūrio
1 nedidelis svogūnas, smulkiai pjaustytas
2 skiltelės česnako, susmulkintos
1 valgomasis šaukštas kapotų šviežių šalavijų
Druska ir pipirai pagal skonį
1 kiaušinis, sumuštas

INSTRUKCIJOS:

Dideliame dubenyje sumaišykite visus ingredientus ir gerai išmaišykite.

Iš mišinio suformuokite kotletus ir padėkite juos ant riebalais išteptos kepimo skardos.

Kepkite iki 375°F (190°C) įkaitintoje orkaitėje 20-25 minutes arba kol apskrus ir taps traškūs.

Patiekite su kreminiu Alfredo padažu arba kaip garnyrą.

58. Kopūstų ir baltųjų pupelių mėsos kukuliai

INGRIDIENTAI:

2 puodeliai kapotų kopūstų, blanširuoti ir nusausinti
1 puodelis virtų baltųjų pupelių, sutrintų
1/2 puodelio džiūvėsėlių
1/4 puodelio kapotų šviežių petražolių
2 skiltelės česnako, susmulkintos
1 nedidelis svogūnas, smulkiai pjaustytas
1 arbatinis šaukštelis džiovintų raudonėlių
Druska ir pipirai pagal skonį
1 kiaušinis, sumuštas

INSTRUKCIJOS:

Dideliame dubenyje sumaišykite visus ingredientus ir gerai išmaišykite.

Iš mišinio suformuokite kotletus ir padėkite juos ant kepimo skardos.

Kepkite iki 375°F (190°C) įkaitintoje orkaitėje 20-25 minutes arba iki auksinės rudos spalvos.

Patiekite su marinara padažu arba įvyniojus.

9. Kvinoja ir špinatų kotletai

INGRIDIENTAI:
2 puodeliai virtos quinoa
1 puodelis kapotų špinatų
1/2 puodelio džiūvėsėlių
1/4 puodelio tarkuoto parmezano sūrio
1 nedidelis svogūnas, smulkiai pjaustytas
2 skiltelės česnako, susmulkintos
1 valgomasis šaukštas susmulkinto šviežio baziliko
Druska ir pipirai pagal skonį
1 kiaušinis, sumuštas

INSTRUKCIJOS:

Dideliame dubenyje sumaišykite visus ingredientus ir gerai išmaišykite.

Iš mišinio suformuokite kotletus ir padėkite juos ant riebalais išteptos kepimo skardos.

Kepkite iki 375°F (190°C) įkaitintoje orkaitėje 20-25 minutes arba iki auksinės rudos spalvos.

Patiekite su marinara padažu arba ant spagečių lovos.

60. Žiedinių kopūstų ir kvinojos mėsos kukuliai

INGRIDIENTAI:
2 puodeliai smulkiai pjaustytų žiedinių kopūstų žiedynų, išvirti garuose ir nusausinti
1 puodelis virtos quinoa
1/2 puodelio džiūvėsėlių
1/4 puodelio tarkuoto parmezano sūrio
1 nedidelis svogūnas, smulkiai pjaustytas
2 skiltelės česnako, susmulkintos
1 valgomasis šaukštas kapotų šviežių petražolių
Druska ir pipirai pagal skonį
1 kiaušinis, sumuštas

INSTRUKCIJOS:

Dideliame dubenyje sumaišykite visus ingredientus ir gerai išmaišykite.

Iš mišinio suformuokite kotletus ir padėkite juos ant riebalais išteptos kepimo skardos.

Kepkite iki 375°F (190°C) įkaitintoje orkaitėje 20-25 minutes arba iki auksinės rudos spalvos.

Patiekite su mėgstamu padažu arba kaip vegetarišką sumuštinių įdarą.

61. Avinžirnių ir špinatų kotletai

INGRIDIENTAI:
2 stiklinės virtų avinžirnių, sutrintų
1 puodelis kapotų špinatų
1/2 puodelio džiūvėsėlių
1/4 puodelio tarkuoto parmezano sūrio
1 nedidelis svogūnas, smulkiai pjaustytas
2 skiltelės česnako, susmulkintos
1 valgomasis šaukštas susmulkintos šviežios kalendros
1 arbatinis šaukštelis maltų kmynų
Druska ir pipirai pagal skonį
1 kiaušinis, sumuštas

INSTRUKCIJOS:

Dideliame dubenyje sumaišykite visus ingredientus ir gerai išmaišykite.

Iš mišinio suformuokite kotletus ir padėkite juos ant riebalais išteptos kepimo skardos.

Kepkite iki 375°F (190°C) įkaitintoje orkaitėje 20-25 minutes arba kol apskrus ir taps traškūs.

Patiekite su jogurtiniu padažu arba pita kišenėje.

2. Saldžiųjų bulvių ir avinžirnių kukuliai

INGRIDIENTAI:

2 puodeliai saldžiųjų bulvių košės
1 puodelis virtų avinžirnių, sutrintų
1/2 puodelio džiūvėsėlių
1/4 puodelio susmulkintos šviežios kalendros
2 skiltelės česnako, susmulkintos
1 nedidelis svogūnas, smulkiai pjaustytas
1 arbatinis šaukštelis maltų kmynų
1/2 arbatinio šaukštelio rūkytos paprikos
Druska ir pipirai pagal skonį
1 kiaušinis, sumuštas

INSTRUKCIJOS:

Dideliame dubenyje sumaišykite visus ingredientus ir gerai išmaišykite.

Iš mišinio suformuokite kotletus ir padėkite juos ant kepimo skardos.

Kepkite iki 375°F (190°C) įkaitintoje orkaitėje 20-25 minutes arba iki auksinės rudos spalvos.

Patiekite su aštriu mirkymo padažu arba suvyniotą su šviežiomis daržovėmis.

63.Grybų ir lešių kotletai

INGRIDIENTAI:

2 puodeliai smulkiai pjaustytų grybų
1 puodelis virtų lęšių
1/2 puodelio džiūvėsėlių
1/4 puodelio tarkuoto parmezano sūrio
1 nedidelis svogūnas, smulkiai pjaustytas
2 skiltelės česnako, susmulkintos
1 valgomasis šaukštas smulkintų šviežių čiobrelių
Druska ir pipirai pagal skonį
1 kiaušinis, sumuštas

INSTRUKCIJOS:

Dideliame dubenyje sumaišykite visus ingredientus ir gerai išmaišykite.

Iš mišinio suformuokite kotletus ir padėkite juos ant kepimo skardos.

Kepkite iki 190°C (375°F) įkaitintoje orkaitėje 20-25 minutes arba kol apskrus ir iškeps.

Patiekite su kreminiu grybų padažu arba kaip garnyrą.

64.Morkų ir cukinijų kukuliai

INGRIDIENTAI:

1 puodelis tarkuotų morkų
1 puodelis tarkuotos cukinijos
1/2 puodelio džiūvėsėlių
1/4 puodelio tarkuoto parmezano sūrio
1 nedidelis svogūnas, smulkiai pjaustytas
2 skiltelės česnako, susmulkintos
1 valgomasis šaukštas kapotų šviežių petražolių
Druska ir pipirai pagal skonį
1 kiaušinis, sumuštas

INSTRUKCIJOS:

Dideliame dubenyje sumaišykite visus ingredientus ir gerai išmaišykite.

Iš mišinio suformuokite kotletus ir padėkite juos ant kepimo skardos.

Kepkite iki 375°F (190°C) įkaitintoje orkaitėje 20-25 minutes arba iki auksinės rudos spalvos.

Patiekite su marinara padažu arba daržovių keptuvėje.

5.Kvinoja ir grybų kotletai

INGRIDIENTAI:
2 puodeliai virtos quinoa
1 puodelis smulkiai pjaustytų grybų
1/2 puodelio džiūvėsėlių
1/4 puodelio tarkuoto parmezano sūrio
1 nedidelis svogūnas, smulkiai pjaustytas
2 skiltelės česnako, susmulkintos
1 valgomasis šaukštas kapotų šviežių rozmarinų
Druska ir pipirai pagal skonį
1 kiaušinis, sumuštas

INSTRUKCIJOS:

Dideliame dubenyje sumaišykite visus ingredientus ir gerai išmaišykite.

Iš mišinio suformuokite kotletus ir padėkite juos ant kepimo skardos.

Kepkite iki 375°F (190°C) įkaitintoje orkaitėje 20-25 minutes arba kol apskrus ir taps traškūs.

Patiekite su grybų padažu arba kaip quinoa dubenėlių užpilą.

66.Juodųjų pupelių ir kukurūzų kotletai

INGRIDIENTAI:

1 puodelis virtų juodųjų pupelių, sutrintų
1 puodelis kukurūzų branduolių
1/2 puodelio džiūvėsėlių
1/4 puodelio susmulkintos šviežios kalendros
1 nedidelis svogūnas, smulkiai pjaustytas
2 skiltelės česnako, susmulkintos
1 arbatinis šaukštelis maltų kmynų
1/2 arbatinio šaukštelio čili miltelių
Druska ir pipirai pagal skonį
1 kiaušinis, sumuštas

INSTRUKCIJOS:

Dideliame dubenyje sumaišykite visus ingredientus ir gerai išmaišykite.

Iš mišinio suformuokite kotletus ir padėkite juos ant kepimo skardos.

Kepkite iki 375°F (190°C) įkaitintoje orkaitėje 20-25 minutes arba iki auksinės rudos spalvos.

Patiekite su aštria avokadų salsa arba meksikietiškame grūdų dubenyje.

67. Brokolių ir Čederio sūrio kukuliai

INGRIDIENTAI:

2 puodeliai smulkiai pjaustytų brokolių žiedynų, išvirti garuose ir nusausinti
1 puodelis susmulkinto čederio sūrio
1/2 puodelio džiūvėsėlių
1/4 puodelio tarkuoto parmezano sūrio
1 nedidelis svogūnas, smulkiai pjaustytas
2 skiltelės česnako, susmulkintos
1 valgomasis šaukštas kapotų šviežių petražolių
Druska ir pipirai pagal skonį
1 kiaušinis, sumuštas

INSTRUKCIJOS:

Dideliame dubenyje sumaišykite visus ingredientus ir gerai išmaišykite.

Iš mišinio suformuokite kotletus ir padėkite juos ant kepimo skardos.

Kepkite iki 375°F (190°C) įkaitintoje orkaitėje 20-25 minutes arba iki auksinės rudos spalvos.

Patiekite su marinara padažu arba kaip garnyrą.

8. Žiedinių kopūstų ir sūrio kukuliai

INGRIDIENTAI:

2 puodeliai smulkiai pjaustytų žiedinių kopūstų žiedynų, išvirti garuose ir nusausinti
1 puodelis džiūvėsėlių
1/2 puodelio tarkuoto parmezano sūrio
1 nedidelis svogūnas, smulkiai pjaustytas
2 skiltelės česnako, susmulkintos
1 valgomasis šaukštas smulkintų šviežių čiobrelių
Druska ir pipirai pagal skonį
1 kiaušinis, sumuštas

INSTRUKCIJOS:

Dideliame dubenyje sumaišykite visus ingredientus ir gerai išmaišykite.
Iš mišinio suformuokite kotletus ir padėkite juos ant kepimo skardos.
Kepkite iki 375°F (190°C) įkaitintoje orkaitėje 20-25 minutes arba iki auksinės rudos spalvos.
Patiekite su kreminiu sūrio padažu arba kaip vegetarišką užkandį.

9.Grybų ir riešutų kukuliai su rozmarinu

INGRIDIENTAI:

2 puodeliai smulkiai pjaustytų grybų
1 puodelis graikinių riešutų, smulkiai pjaustytų
1/2 puodelio džiūvėsėlių
1/4 puodelio tarkuoto parmezano sūrio
1 nedidelis svogūnas, smulkiai pjaustytas
2 skiltelės česnako, susmulkintos
1 valgomasis šaukštas kapotų šviežių rozmarinų
Druska ir pipirai pagal skonį
1 kiaušinis, sumuštas

INSTRUKCIJOS:

Dideliame dubenyje sumaišykite visus ingredientus ir gerai išmaišykite.

Iš mišinio suformuokite kotletus ir padėkite juos ant kepimo skardos.

Kepkite iki 375°F (190°C) įkaitintoje orkaitėje 20-25 minutes arba iki auksinės rudos spalvos.

Patiekite su kreminiu grybų padažu arba kaip garnyrą su keptomis daržovėmis.

DARŽUOVIŲ PATEKLIAI

70. Raudonųjų burokėlių mėsainiai su rukola

INGRIDIENTAI:

- 15 uncijų šviesiai raudonų pupelių gali
- 2 ½ valgomojo šaukšto aukščiausios kokybės pirmojo spaudimo alyvuogių aliejaus
- 2 ½ *uncijos* Cremini grybų
- 1 raudonasis svogūnas
- ½ puodelio virtų rudųjų ryžių
- ¾ puodelio žalių burokėlių
- 1/3 puodelio kanapių sėklų
- 1 arbatinis šaukštelis maltų juodųjų pipirų
- ½ arbatinio šaukštelio jūros druskos
- ½ arbatinio šaukštelio maltų kalendrų sėklų
- ½ arbatinio šaukštelio Worcestershire padažo
- 1 veganiškas kiaušinių pakaitalas
- 4 puodeliai Organic Baby Arugula
- 2 arbatiniai šaukšteliai baltojo balzamiko acto

INSTRUKCIJOS:

- Įkaitinkite orkaitę iki 375 ° F. Pupeles gerai sutrinkite maišymo dubenyje ir atidėkite.
- Nelipnioje keptuvėje ant vidutinio stiprumo įkaitinkite 1 valgomąjį šaukštą aliejaus.
- Sudėkite grybus ir tris ketvirtadalius svogūno ir pakepinkite, kol suminkštės, maždaug 8 minutes.
- Perkelkite daržovių mišinį į maišymo dubenį su pupelėmis. Įmaišykite ryžius, burokėlius, kanapių sėklas, pipirus, druską, kalendrą ir Vusterio padažą, kol susimaišys.
- Įpilkite veganiško kiaušinio pakaitalo ir maišykite, kol gerai susimaišys.

- Iš mišinio suformuokite keturis rutuliukus ir dėkite ant nebalinto pergamento popieriumi išklotos kepimo skardos. Pirštų galiukais paglostykite keturis paplotėlius.
- Pirštų galiukais lengvai patepkite pyragėlių viršų $\frac{1}{2}$ šaukšto aliejaus.
- Kepti 1 val. Labai švelniai apverskite kiekvieną mėsainį ir kepkite, kol taps traškūs, tvirti ir apskrus, dar apie 20 minučių.
- Leiskite pastovėti mažiausiai 5 minutes, kad baigtumėte virimo procesą.
- Supilkite rukolą su actu ir likusiu 1 šaukštu aliejaus ir išdėliokite ant kiekvieno mėsainio.
- Pabarstykite likusiu svogūnu ir patiekite.

71. Pekano-lęšių pyragaičiai

INGRIDIENTAI:

- 1 1/2 stiklinės virtų rudųjų lęšių
- 1/2 puodelio maltų pekano riešutų
- 1/2 stiklinės senamadiškų avižų
- 1/4 puodelio sauso nepagardinto panko
- 1/4 stiklinės kvietinių glitimo miltų
- 1/2 stiklinės malto svogūno
- 1/4 puodelio maltų šviežių petražolių
- 1 arbatinis šaukštelis Dižono garstyčių
- 1/2 arbatinio šaukštelio druskos
- 1/8 arbatinio šaukštelio šviežiai maltų pipirų
- 2 šaukštai alyvuogių aliejaus
- Salotų lapai, griežinėliais pjaustytas pomidoras, griežinėliais pjaustytas raudonasis svogūnas ir pasirinktini pagardai

INSTRUKCIJOS:

- Virtuvės kombainu sumaišykite lęšius, pekano riešutus, avižas, panko , miltus, svogūną, petražoles, garstyčias, druską ir pipirus.
- Sumaišykite, palikdami šiek tiek tekstūros.
- Iš lęšių mišinio suformuokite 4-6 mėsainius.
- Keptuvėje perkaitinkite aliejų.
- Sudėkite mėsainius ir kepkite iki auksinės rudos spalvos, maždaug 5 minutes iš kiekvienos pusės.
- Patiekite mėsainius su salotomis, pomidorų griežinėliais, svogūnais ir pasirinktais pagardais.

2. Juodųjų pupelių mėsainiai

INGRIDIENTAI:

- 3 šaukštai alyvuogių aliejaus
- 1/2 stiklinės malto svogūno
- 1 česnako skiltelė, susmulkinta
- 11/2 stiklinės juodųjų pupelių
- 1 valgomasis šaukštas maltų šviežių petražolių
- 1/2 stiklinės sauso nepagardinto panko
- 1/4 stiklinės kvietinių glitimo miltų
- 1 arbatinis šaukštelis rūkytos paprikos
- 1/2 arbatinio šaukštelio džiovintų čiobrelių
- Druska ir šviežiai malti juodieji pipirai
- 4 salotos lapai
- 1 prinokęs pomidoras, supjaustytas 1/4 colio griežinėliais

INSTRUKCIJOS:

- Keptuvėje įkaitinkite 1 valgomąjį šaukštą aliejaus ir perkaitinkite. Sudėkite svogūną ir česnaką ir kepkite, kol suminkštės, apie 5 minutes.
- Svogūnų mišinį perkelkite į virtuvinį kombainą. Suberkite pupeles, petražoles, panko , miltus, papriką, čiobrelius, pagal skonį druskos ir pipirų. Apdorokite, kol gerai susimaišys, palikdami šiek tiek tekstūros. Iš mišinio suformuokite 4 vienodus paplotėlius ir padėkite į šaldytuvą 20 minučių.
- Keptuvėje perkaitinkite likusius 2 šaukštus aliejaus. Sudėkite mėsainius ir kepkite, kol apskrus iš abiejų pusių, vieną kartą apversdami, maždaug 5 minutes iš kiekvienos pusės.
- Mėsainius patiekite su salotų lapais ir pomidorų griežinėliais.

3.Avižų ir daržovių paplotėlis

INGRIDIENTAI:

- 2 šaukštai plius 1 arbatinis šaukštelis alyvuogių aliejaus
- 1 svogūnas, susmulkintas
- 1 morka, tarkuota
- 1 puodelis nesūdytų riešutų mišinio
- 1/4 stiklinės kvietinių glitimo miltų
- 1/2 puodelio senamadiškų avižų ir dar daugiau, jei reikia
- 2 šaukštai kreminio žemės riešutų sviesto
- 2 šaukštai maltų šviežių petražolių
- 1/2 arbatinio šaukštelio druskos
- 1/4 arbatinio šaukštelio šviežiai maltų juodųjų pipirų
- 4 salotos lapai
- 1 prinokęs pomidoras, supjaustytas 1/4 colio griežinėliais

INSTRUKCIJOS:

- Keptuvėje perkaitinkite 1 arbatinį šaukštelį aliejaus. Įdėkite svogūną ir kepkite, kol suminkštės, apie 5 minutes. Įmaišykite morkas ir atidėkite.
- Virtuviniame kombaine susmulkinkite riešutus, kol susmulkins.
- Įpilkite svogūnų ir morkų mišinio kartu su miltais, avižomis, žemės riešutų sviestu, petražolėmis, druska ir pipirais. Apdorokite, kol gerai susimaišys.
- Iš mišinio suformuokite 4 vienodus, maždaug 4 colių skersmens paplotėlius.
- Keptuvėje ant ugnies įkaitinkite likusius 2 šaukštus aliejaus, sudėkite mėsainius ir kepkite, kol apskrus iš abiejų pusių, maždaug 5 minutes iš kiekvienos pusės.

- Mėsainius patiekite su salotų lapais ir pomidorų griežinėliais.

74. Baltųjų pupelių ir graikinių riešutų pyragaičiai

INGRIDIENTAI:
- 1/4 stiklinės kubeliais pjaustyto svogūno
- 1 česnako skiltelė, susmulkinta
- 1 puodelis graikinių riešutų gabalėlių
- 1 puodelis konservuotų arba virtų baltųjų pupelių
- 1 puodelis kvietinių glitimo miltų
- 2 šaukštai maltų šviežių petražolių
- 1 valgomasis šaukštas sojos padažo
- 1 arbatinis šaukštelis Dižono garstyčių ir dar daugiau patiekimui
- 1/2 arbatinio šaukštelio druskos
- 1/2 arbatinio šaukštelio malto šalavijo
- 1/2 arbatinio šaukštelio saldžiosios paprikos
- 1/4 arbatinio šaukštelio ciberžolės
- 1/4 arbatinio šaukštelio šviežiai maltų juodųjų pipirų
- 2 šaukštai alyvuogių aliejaus
- Salotų lapai ir griežinėliais supjaustyti pomidorai

INSTRUKCIJOS:
- Virtuvės kombainu sumaišykite svogūną, česnaką ir graikinius riešutus ir sutrinkite iki smulkiai sumaltos.
- Virkite pupeles keptuvėje ant ugnies, maišydami, 1–2 minutes, kad išgaruotų drėgmė.
- Sudėkite pupeles į virtuvinį kombainą kartu su miltais, petražolėmis, sojos padažu, garstyčiomis, druska, šalaviju, paprika, ciberžole ir pipirais.
- Apdorokite, kol gerai susimaišys. Iš mišinio suformuokite 4 vienodus paplotėlius.
- Keptuvėje perkaitinkite aliejų.
- Sudėkite pyragėlius ir kepkite, kol apskrus iš abiejų pusių, maždaug 5 minutes iš kiekvienos pusės.

● Patiekite su salotomis ir griežinėliais pjaustytais pomidorais.

5.Garbanzo pupelių mėsainiai

INGRIDIENTAI:

- 2 puodeliai trintų garbanzo pupelių
- 1 saliero stiebas, smulkiai pjaustytas
- 1 morka, smulkiai pjaustyta
- $\frac{1}{4}$ Svogūno, malto
- $\frac{1}{4}$ puodelio pilno grūdo kvietinių miltų
- Druska ir pipirai pagal skonį
- 2 arbatiniai šaukšteliai Aliejus

INSTRUKCIJOS:

- Sumaišykite ingredientus (išskyrus aliejų) dubenyje. Suformuokite 6 plokščius paplotėlius.
- Kepkite aliejumi pateptoje keptuvėje ant vidutinės-stiprios ugnies, kol mėsainiai iš abiejų pusių taps auksinės rudos spalvos.

6.Bulgur lešių daržovių pyragas

INGRIDIENTAI:

- 2 stiklinės virtų lęšių
- 1 puodelis rūkytų Portobello grybų,
- 1 puodelis bulgur kviečių
- 2 skiltelės kepinto česnako,
- 1 valgomasis šaukštas Worcestershire
- 2 šaukštai graikinių riešutų aliejaus
- $\frac{1}{4}$ arbatinio šaukštelio estragono, malto
- Druska ir pipirai pagal skonį

INSTRUKCIJOS:

- Paruoškite medžio ar anglies kepsninę ir leiskite joms sudegti iki žarijų.
- Dubenyje sutrinkite lęšius iki vientisos masės.
- Sudėkite visus ingredientus ir maišykite, kol gerai susimaišys.
- Šaldykite mažiausiai 2 valandas. Suformuokite mėsainius.
- Mėsainius aptepkite alyvuogių aliejumi ir kepkite ant grotelių 6 minutes iš kiekvienos pusės arba kol paruduos.
- Patiekite karštą su mėgstamais pagardais.

7.Grybų tofu paplotėlis

INGRIDIENTAI:
- ½ puodelio valcuotų avižų
- 1¼ stiklinės stambiai pjaustytų migdolų
- 1 valgomasis šaukštas alyvuogių arba rapsų aliejaus
- ½ puodelio susmulkinto žalio svogūno
- 2 arbatiniai šaukšteliai malto česnako
- 1½ puodelio kapotų Cremini
- ½ puodelio virti rudi basmati
- ⅓ puodelio veganiško čederio sūrio
- ⅔ puodelio trinto tvirto tofu
- 1 veganiškas kiaušinių pakaitalas
- 3 šaukštai kapotų petražolių
- ½ puodelio sauso panko
- 6 griežinėliai Šviežia mocarela, jei norite

INSTRUKCIJOS:
- Keptuvėje įkaitinkite aliejų ir pakepinkite svogūnus, česnakus ir grybus, kol suminkštės.
- Suberkite avižas ir toliau virkite dar 2 minutes nuolat maišydami.
- Sumaišykite svogūnų mišinį su ryžiais, veganišku sūriu, tofu ir veganišku kiaušinių pakaitalu.
- Petražolės, panko ir migdolai ir išmaišykite, kad susimaišytų. Pagal skonį pagardinkite druska ir pipirais.
- Suformuokite 6 paplotėlius ir pakepinkite arba kepkite iki auksinės spalvos ir traškios išorėje.
- Ant viršaus uždėkite gabalėlį šviežios mocarelos ir šviežios salsos.

8. Lęšių, žirnių ir morkų paplotėlis

INGRIDIENTAI:

- ½ susmulkinto svogūno
- ½ puodelio virtų žalių lęšių
- ⅓ puodelio virtų žirnių
- 1 tarkuota morka
- 1 valgomasis šaukštas kapotų šviežių petražolių
- 1 arbatinis šaukštelis Tamari
- 2 puodeliai panko
- ¼ puodelio Miltų
- 1 veganiškas kiaušinių pakaitalas

INSTRUKCIJOS:

- Pakepinkite svogūną, kol suminkštės. Sumaišykite visus ingredientus, išskyrus miltus, ir palikite atvėsti. Iš mišinio suformuokite kotletukus ir keptuvėje paskrudinkite.
- Žalieji lęšiai išdžiovinti užtrunka apie valandą, tačiau jie gerai užšąla, todėl iš karto pagaminkite didelį krūvą.

9.Greiti daržovių pyragaičiai

INGRIDIENTAI:
- 10 uncijų Daržovės, mišrios, šaldytos
- 1 veganiškas kiaušinių pakaitalas
- žiupsnelis Druskos ir pipirų
- ½ stiklinės grybų, šviežių, pjaustytų
- ½ puodelio panko
- 1 svogūnas, supjaustytas

INSTRUKCIJOS:
- Įkaitinkite orkaitę iki 350 laipsnių.
- Daržoves troškinkite, kol suminkštės
- Atidėkite į šalį, tai kieta.
- Smulkiai supjaustykite garuose virtas daržoves ir sumaišykite su veganišku kiaušiniu, druska, pipirais, grybais ir panko .
- Iš mišinio suformuokite kotletukus.
- Ant lengvai aliejumi pateptos kepimo skardos išdėliokite paplotėlius su svogūnų griežinėliais.
- Kepkite vieną kartą apversdami, kol paruduos ir iš abiejų pusių apskrus, apie 45 minutes.

30. Tex-Mex daržovių pyragas

INGRIDIENTAI:
- 15¼ uncijos Konservuoti viso branduolio kukurūzai
- ½ puodelio Skystis rezervuotas
- ½ puodelio kukurūzų miltų
- ½ stiklinės svogūnų, smulkiai pjaustytų
- ⅓ puodelio raudonosios paprikos, smulkiai pjaustytos
- ½ arbatinio šaukštelio laimo žievelės, tarkuotos
- ¼ puodelio virtų baltųjų ryžių
- 3 šaukštai šviežios kalendros, susmulkintos
- 4 arbatiniai šaukšteliai Jalapeno čili pipirų
- ½ arbatinio šaukštelio maltų kmynų
- 4 neriebios miltinės tortilijos, 9–10 colių
- 8 šaukštai šviesios grietinės
- 8 šaukštai Pirkta salsa

INSTRUKCIJOS:
- Sumaišykite ½ puodelio kukurūzų branduolių ir 1 šaukštą kukurūzų miltų, kol susidarys drėgni gumulėliai. Įpilkite ¾ puodelio kukurūzų branduolių ir apdorokite 10 sekundžių
- Perkelkite kukurūzų mišinį į sunkų nepridegantį puodą. Įpilkite ½ puodelio kukurūzų skysčio, svogūno, paprikos ir laimo žievelės. Uždenkite ir virkite ant labai mažos ugnies, kol sutirštės ir sutvirtės, dažnai maišydami, 12 minučių. Sumaišykite su ryžiais, kalendra, jalapeño, druska ir kmynais. Užmeskite po ¼ mišinio ant kiekvienos iš 4 folijos gabalėlių ir suspauskite gabalėlius į ¾ colio storio paplotėlius.
- Paruoškite kepsninę. Apipurkškite abi mėsainių puses nepridegančiu purškikliu ir kepkite ant grotelių iki traškumo, maždaug 5 minutes kiekvienoje pusėje. Kepkite

tortilijas ant grotelių, kol jos taps lanksčios, maždaug 30 sekundžių kiekvienoje pusėje

81. Daržovių pupelių pyragaičiai

INGRIDIENTAI:
- 2 uncijos virtų mišrių pupelių
- 1 svogūnas, smulkiai pjaustytas
- 1 Morka, smulkiai sutarkuota
- 1 arbatinis šaukštelis daržovių ekstrakto
- 1 arbatinis šaukštelis džiovintų žolelių mišinio
- 1 uncijos viso miltų panko

INSTRUKCIJOS:
- Visus ingredientus sumaišykite virtuviniu kombainu arba blenderiu iki beveik vientisos masės.
- Suformuokite 4 storus mėsainius ir gerai atvėsinkite.
- Aptepkite aliejumi ir kepkite ant grotelių apie 15 minučių, vieną ar du kartus apversdami.
- Patiekite sezamo keptuvėse su pagardais, salotomis ir didžiulėmis stambiomis bulvytėmis!

82. Svogūnai Avižos Paplotėliai

INGRIDIENTAI:

- 4 puodeliai Vandens
- ½ puodelio sojos padažo su sumažintu druskos kiekiu
- ½ puodelio maistinių mielių
- 1 kubeliais pjaustytas svogūnas
- 1 valgomasis šaukštas raudonėlio
- ½ šaukšto česnako miltelių
- 1 valgomasis šaukštas džiovinto baziliko
- 4½ stiklinės senamadiškų valcuotų avižų

INSTRUKCIJOS:

- Visus ingredientus, išskyrus avižas, užvirinkite.
- Sumažinkite ugnį ir įmaišykite 4½ puodelio valcuotų avižų.
- Virkite apie 5 minutes, kol vanduo susigers.
- Užpildykite mišiniu į stačiakampę neprideganc̆ią kepimo formą
- Kepkite 350 F. 25 minutes. Tada supjaustykite milžinišką mėsainį į 4 colių kvadratinius mėsainius ir apverskite.
- Virkite dar 20 minučių.
- Patiekite kaip pagrindinį patiekalą, karštą arba šaltą.

83. Laukinių grybų paplotėlis

INGRIDIENTAI:
- 2 arbatinius šaukštelius alyvuogių aliejaus
- 1 Geltonas svogūnas, smulkiai pjaustytas
- 2 Askaloniniai česnakai, nulupti ir sumalti
- $\frac{1}{8}$ arbatinio šaukštelio druskos
- 1 puodelis sausų šitake grybų
- 2 puodeliai Portobello grybai
- 1 pakelis Tofu
- ⅓ puodelio Skrudintų kviečių gemalų
- ⅓ puodelio panko
- 2 šaukštai Lite sojos padažo
- 2 šaukštai Worcestershire padažo
- 1 arbatinis šaukštelis Skystas dūmų kvapiosios medžiagos
- $\frac{1}{2}$ arbatinio šaukštelio granuliuoto česnako
- $\frac{3}{4}$ puodelio greitai paruošiamų avižų

INSTRUKCIJOS:
- Svogūnus, askaloninius česnakus ir druską pakepinkite alyvuogių aliejuje apie 5 minutes.
- Suminkštintus šitake grybus nukoškite ir sutrinkite virtuviniu kombainu su šviežiais grybais. Pridėti prie svogūnų.
- Virkite 10 minučių, retkarčiais pamaišydami, kad nesuliptų.
- Grybus sumaišykite su trintu tofu, suberkite likusius ingredientus ir gerai išmaišykite.
- Drėgnos rankos, kad nepriliptų ir nesusidarytų pyragėliai.
- Kepkite 25 minutes, po 15 minučių vieną kartą apverskite.

84. Tofu Tahini daržovių pyragaičiai

INGRIDIENTAI:
- 1 svaras tvirto tofu, nusausintas
- 1½ puodelio žalių avižinių dribsnių
- ½ stiklinės tarkuotų morkų
- 1 Susmulkintas pakepintas svogūnas
- 1 šaukštas Tahini, daugiau ar mažiau
- 2 šaukštai Worcestershire padažo
- 1 valgomasis šaukštas sojos padažo

INSTRUKCIJOS:
- Įpilkite pasirinktų prieskonių ir žolelių mišinio.
- Ant kepimo skardų suformuokite paplotėlius.
- Kepkite 350 laipsnių kampu 20 minučių, apverskite ir kepkite dar 10 minučių.

85. Juodųjų pupelių ir žemės riešutų kepsninės

INGRIDIENTAI:
- 1 puodelis TVP granulių
- 1 puodelis vandens
- 1 valgomasis šaukštas sojos padažo
- 15 uncijų skardinė juodųjų pupelių
- ½ puodelio gyvybiškai svarbių kvietinių glitimo miltų
- ¼ puodelio barbekiu padažo
- 1 valgomasis šaukštas skystų dūmų
- ½ arbatinio šaukštelio juodųjų pipirų
- 2 šaukštai žemės riešutų sviesto

INSTRUKCIJOS:
- Paruoškite TVP sumaišydami jį su vandeniu ir sojos padažu mikrobangų krosnelėje tinkamame dubenyje, sandariai uždenkite plastikine plėvele ir 5 minutes kaitinkite mikrobangų krosnelėje.
- Į paruoštą TVP įpilkite pupelių, kviečių glitimo, kepsnių padažo, skystų dūmų, pipirų ir žemės riešutų sviesto, kai jis pakankamai atvės, kad būtų galima apdoroti.
- Sutrinkite rankomis iki vientisos masės ir didžioji dalis pupelių bus sutrinta.
- Suformuokite 6 paplotėlius.
- Kepkite šiuos kūdikius ant kepsninės, aptepdami papildomu barbekiu padažu, maždaug po 5 minutes iš kiekvienos pusės.

86. Miežių avižų ir salierų pyragaičiai

INGRIDIENTAI:

- 1 puodelis konservuotų sviesto pupelių
- ¾ puodelio Bulgur, virtas
- ¾ puodelio miežių, virti
- ½ puodelio Greiti avižiniai dribsniai, nevirti
- 1½ šaukšto sojos padažo
- 2 šaukštai barbekiu padažo
- 1 arbatinis šaukštelis džiovinto baziliko
- ½ stiklinės svogūnų, smulkiai pjaustytų
- 1 skiltelė česnako, smulkiai susmulkinta
- 1 saliero stiebas, susmulkintas
- 1 arbatinis šaukštelis druskos
- Pipirų pagal skonį

INSTRUKCIJOS:

- Šakute arba bulvių grūstuve pupeles šiek tiek sutrinkite. Jie turi būti stambūs, o ne tiršti. Sudėkite likusius ingredientus ir suformuokite 6 paplotėlius.
- Iš abiejų pusių apšlakstykite keptuvę aliejumi ir rudais pyragėliais.

87. Tempeh ir svogūnų pyragaičiai

INGRIDIENTAI:

- 8 uncijos tempeh, supjaustyti 1/2 colio kauliukais
- ¾ puodelio susmulkinto svogūno
- 2 česnako skiltelės, susmulkintos
- ¾ puodelio kapotų graikinių riešutų
- 1/2 stiklinės senamadiškų arba greitai paruošiamų avižų
- 1 valgomasis šaukštas maltų šviežių petražolių
- 1/2 arbatinio šaukštelio džiovinto raudonėlio
- 1/2 arbatinio šaukštelio džiovintų čiobrelių
- 1/2 arbatinio šaukštelio druskos
- 1/4 arbatinio šaukštelio šviežiai maltų juodųjų pipirų
- 3 šaukštai alyvuogių aliejaus
- Dižono garstyčios
- Supjaustytas raudonasis svogūnas, pomidoras, salotos ir avokadas

INSTRUKCIJOS:

- Puode su verdančiu vandeniu virkite tempeh 30 minučių. Nusausinkite ir atidėkite atvėsti.
- Virtuviniu kombainu sumaišykite svogūną ir česnaką ir sutrinkite iki susmulkinimo. Įpilkite atvėsintą tempehą, graikinius riešutus, avižas, petražoles, raudonėlį, čiobrelius, druską ir pipirus. Apdorokite, kol gerai susimaišys. Iš mišinio suformuokite 4 vienodus paplotėlius.
- Keptuvėje perkaitinkite aliejų. Sudėkite mėsainius ir kepkite, kol gerai iškeps ir apskrus iš abiejų pusių, maždaug po 7 minutes kiekvienoje pusėje.
- Surinkite mėsainius su šlakeliu garstyčių ir salotomis, pomidoru, raudonuoju svogūnu ir avokadu.

88. Mišrūs pupelių ir avižų pyragaičiai

INGRIDIENTAI:
- 1 valgomasis šaukštas alyvuogių aliejaus
- 1 svogūnas, susmulkintas
- 4 skiltelės česnako, susmulkintos
- 1 morka, susmulkinta
- 1 arbatinis šaukštelis maltų kmynų
- 1 arbatinis šaukštelis čili miltelių
- Pipirų pagal skonį
- 15 *uncijų* pinto pupelių, nuplautų, nusausintų ir sutrintų
- 15 *uncijų* juodųjų pupelių, nuplautų, nusausintų ir sutrintų
- 1 valgomasis šaukštas kečupo
- 2 šaukštai Dižono garstyčių
- 2 šaukštai sojos padažo
- 1 ½ puodelio avižų
- ½ puodelio salsos
- 8 salotų lapai

INSTRUKCIJOS:
- Į keptuvę ant ugnies įpilkite alyvuogių aliejaus.
- Kepkite svogūną 2 minutes, dažnai maišydami.
- Įmaišykite česnaką. Tada virkite 1 minutę.
- Suberkite morkas, maltus kmynus ir čili miltelius.
- Virkite maišydami 2 minutes.
- Morkų mišinį perkelkite į dubenį.
- Įmaišykite trintas pupeles, kečupą, garstyčias, sojos padažą ir avižas.
- Suformuokite paplotėlius.
- Kepkite pyragus ant grotelių 4-5 minutes iš kiekvienos pusės.
- Patiekite su salsa ir salotomis.

89. Tempeh ir graikinių riešutų pyragaičiai

INGRIDIENTAI:

- 8 uncijos tempeh, supjaustyti 1/2 colio kauliukais
- ¾ puodelio susmulkinto svogūno
- 2 česnako skiltelės, susmulkintos
- ¾ puodelio kapotų graikinių riešutų
- 1/2 stiklinės senamadiškų arba greitai paruošiamų avižų
- 1 valgomasis šaukštas maltų šviežių petražolių
- 1/2 arbatinio šaukštelio džiovinto raudonėlio
- 1/2 arbatinio šaukštelio džiovintų čiobrelių
- 1/2 arbatinio šaukštelio druskos
- 1/4 arbatinio šaukštelio šviežiai maltų juodųjų pipirų
- 3 šaukštai alyvuogių aliejaus
- Dižono garstyčios
- Supjaustytas raudonasis svogūnas, pomidoras, salotos ir avokadas

INSTRUKCIJOS:

- Puode su verdančiu vandeniu virkite tempeh 30 minučių. Nusausinkite ir atidėkite atvėsti.
- Virtuviniu kombainu sumaišykite svogūną ir česnaką ir sutrinkite iki susmulkinimo. Įpilkite atvėsintą tempehą, graikinius riešutus, avižas, petražoles, raudonėlį, čiobrelius, druską ir pipirus. Apdorokite, kol gerai susimaišys. Iš mišinio suformuokite 4 vienodus paplotėlius.
- Keptuvėje perkaitinkite aliejų. Sudėkite mėsainius ir kepkite, kol gerai iškeps ir apskrus iš abiejų pusių, maždaug po 7 minutes kiekvienoje pusėje.
- Surinkite mėsainius su garstyčių užtepu, o ant viršaus uždėkite salotų, pomidorų, raudonųjų svogūnų ir avokadų.

90. Makadamijų ir anakardžių pyragaičiai

INGRIDIENTAI:
- 1 puodelis kapotų makadamijų riešutų
- 1 puodelis kapotų anakardžių
- 1 morka, tarkuota
- 1 svogūnas, susmulkintas
- 1 česnako skiltelė, susmulkinta
- 1 jalapeño arba kitas žalias čili, išskobtas ir sumaltas
- 1 puodelis senamadiškų avižų
- 1 puodelis sausų nepagardintų migdolų miltų
- 2 šaukštai maltos šviežios kalendros
- 1/2 arbatinio šaukštelio maltos kalendros
- Druska ir šviežiai malti juodieji pipirai
- 2 arbatinius šaukštelius šviežių laimo sulčių
- Rapsų arba vynuogių kauliukų aliejus, skirtas kepti
- Salotų lapai ir pasirinktas pagardas

INSTRUKCIJOS:
- Virtuvės kombainu sumaišykite makadamijos riešutus, anakardžius, morkas, svogūną, česnaką, čili, avižas, migdolų miltus, kalendrą, kalendrą ir druską bei pipirus pagal skonį.
- Apdorokite, kol gerai susimaišys. Įpilkite laimo sulčių ir maišykite, kol gerai susimaišys. Paragaukite, jei reikia pakoreguokite prieskonius. Iš mišinio suformuokite 4 vienodus paplotėlius.
- Keptuvėje įkaitinkite ploną aliejaus sluoksnį, kad perkaistų. Sudėkite pyragėlius ir kepkite iki auksinės rudos spalvos iš abiejų pusių, apversdami vieną kartą apie 10 minučių.
- Patiekite su salotomis ir pasirinktais pagardais.

91. Auksiniai avinžirnių mėsainiai

INGRIDIENTAI:
- 2 šaukštai alyvuogių aliejaus
- 1 geltonasis svogūnas, susmulkintas
- 1/2 geltonosios paprikos, susmulkintos
- 1 1/2 stiklinės virtų avinžirnių
- 3/4 arbatinio šaukštelio druskos
- 1/4 arbatinio šaukštelio šviežiai maltų juodųjų pipirų
- 1/4 stiklinės kvietinių glitimo miltų
- Pagardai pasirinktinai

INSTRUKCIJOS:
- Keptuvėje įkaitinkite 1 valgomąjį šaukštą aliejaus ir perkaitinkite. Suberkite svogūną ir pipirus ir kepkite, kol suminkštės, apie 5 minutes. Atidėkite, kad šiek tiek atvėstų.
- Atvėsusį svogūnų mišinį perkelkite į virtuvinį kombainą. Suberkite avinžirnius, druską, juoduosius pipirus ir ankštinius, kad sumaišytumėte. Suberkite miltus ir viską sumaišykite.
- Iš mišinio suformuokite 4 maždaug 4 colių skersmens mėsainius. Jei mišinys per birus, įberkite dar šiek tiek miltų.
- Keptuvėje perkaitinkite likusius 2 šaukštus aliejaus. Sudėkite mėsainius ir kepkite, kol sutvirtės ir apskrus iš abiejų pusių, vieną kartą apversdami, maždaug 5 minutes iš kiekvienos pusės.
- Patiekite mėsainius su pasirinktais pagardais.

92. Avinžirnių pyragaičiai

INGRIDIENTAI:

- 3 šaukštai alyvuogių aliejaus
- 1 svogūnas, susmulkintas
- 11/2 arbatinių šaukštelių karšto arba švelnaus kario miltelių
- 1/2 arbatinio šaukštelio druskos
- 1/8 arbatinio šaukštelio malto kajeno
- 1 puodelis virtų avinžirnių
- 1 valgomasis šaukštas kapotų šviežių petražolių
- 1/2 stiklinės kvietinių glitimo miltų
- 1/3 stiklinės sausų nepagardintų migdolų miltų
- Salotų lapai
- 1 prinokęs pomidoras, supjaustytas 1/4 colio griežinėliais

INSTRUKCIJOS:

- Keptuvėje įkaitinkite 1 valgomąjį šaukštą aliejaus ir perkaitinkite. Sudėkite svogūną, uždenkite ir kepkite, kol suminkštės, 5 minutes. Įmaišykite 1 arbatinį šaukštelį kario miltelių, druskos ir kajeno ir nukelkite nuo ugnies. Atidėti.
- Virtuvės kombainu sumaišykite avinžirnius, petražoles, kvietinius glitimo miltus, migdolų miltus ir virtus svogūnus. Procesas derinamas, paliekant šiek tiek tekstūros.
- Iš avinžirnių mišinio suformuokite 4 vienodus paplotėlius ir atidėkite į šalį.
- Keptuvėje perkaitinkite likusius 2 šaukštus aliejaus. Sudėkite pyragėlius, uždenkite ir kepkite iki auksinės rudos spalvos iš abiejų pusių, vieną kartą apversdami, maždaug 5 minutes iš kiekvienos pusės.
- Dubenyje sumaišykite likusį 1/2 arbatinio šaukštelio kario miltelių su majonezu, maišykite tai susimaišo.

- Patiekite mėsainį su salotomis ir pomidorų griežinėliais.

93.Pinto pupelių pyragaičiai su Mayo

INGRIDIENTAI:

- 11/2 stiklinės virtų pinto pupelių
- 1 askaloninis česnakas, susmulkintas
- 1 česnako skiltelė, susmulkinta
- 2 šaukštai susmulkintos šviežios kalendros
- 1 arbatinis šaukštelis kreolų prieskonių
- 1/4 stiklinės kvietinių glitimo miltų
- Druska ir šviežiai malti juodieji pipirai
- 1/2 stiklinės sausų nepagardintų migdolų miltų
- 2 arbatinius šaukštelius šviežių laimo sulčių
- 1 serrano čili, išskobtas ir sumaltas
- 2 šaukštai alyvuogių aliejaus
- Susmulkintos salotos
- 1 pomidoras, supjaustytas 1/4 colio griežinėliais

INSTRUKCIJOS:

- Nuvalykite pupeles popieriniais rankšluosčiais, kad sugertų drėgmės perteklių. Virtuvės kombainu sumaišykite pupeles, askaloninius česnakus, česnaką, kalendrą, kreolų prieskonius, miltus ir druską bei pipirus pagal skonį. Apdorokite, kol gerai susimaišys.
- Iš mišinio suformuokite 4 vienodus paplotėlius, jei reikia, įberkite daugiau miltų. Paplotėlius apvoliokite migdolų miltuose. Šaldykite 20 minučių.
- Dubenyje sumaišykite majonezą, laimo sultis ir serrano čili. Pagardinkite druska ir pipirais pagal skonį, gerai išmaišykite ir šaldykite, kol paruošite patiekti.
- Keptuvėje perkaitinkite aliejų. Sudėkite paplotėlius ir kepkite, kol apskrus ir apskrus iš abiejų pusių, maždaug 5 minutes kiekvienoje pusėje.
- Patiekite paplotėlius su salotomis ir pomidoru.

94.Lešių ryžių mėsainis su

INGRIDIENTAI:

- ¾ puodelio Lęšiai
- 1 Saldžiosios bulvės
- 10 Švieži špinatų lapai
- 1 puodelis Švieži grybai, susmulkinti
- ¾ puodelio migdolų miltai
- 1 šaukštelis Estragonas
- 1 šaukštelis Česnako milteliai
- 1 šaukštelis Petražolių dribsniai
- ¾ puodelio Ilgagrūdžiai ryžiai

INSTRUKCIJOS:

- Virkite ryžius, kol išvirs ir šiek tiek sulips, o lęšius – kol suminkštės. Šiek tiek atvėsinkite.
- Smulkiai sumalkite nuluptą saldžiąją bulvę ir virkite, kol suminkštės. Šiek tiek atvėsinkite.
- Špinatų lapus reikia nuplauti ir smulkiai susmulkinti.
- Sumaišykite visus ingredientus ir prieskonius, įberkite druskos ir pipirų pagal skonį.
- Atšaldykite šaldytuve 15-30 min.
- Formuokite paplotėlius ir patroškinkite keptuvėje arba galima kepti ant daržovių kepsninės lauko kepsninėje.
- Būtinai patepkite arba apipurkškite keptuvę Pam, nes šie mėsainiai linkę prilipti.

5.Šitake ir avižų pyragas

INGRIDIENTAI:
- 8 uncijos valcuotos avižos
- 4 uncijos veganiško mocarelos sūrio
- 3 uncijos Shiitake grybų, supjaustytų kubeliais
- 3 uncijos kubeliais supjaustyto baltojo svogūno
- 2 česnako skiltelės susmulkintos
- 2 uncijos raudonųjų pipirų, supjaustytų kubeliais
- 2 uncijos cukinijos kauliukai

INSTRUKCIJOS:
- Visus ingredientus sumaišykite virtuviniu kombainu.
- Paspauskite įjungimo/išjungimo jungiklį, kad apytiksliai sumaišytumėte ingredientus.
- Nepermaišykite. Galutinį maišymą galima atlikti rankomis. Suformuokite keturių uncijų paplotėlius.
- Į keptuvę įpilkite tam tikrą kiekį alyvuogių aliejaus.
- Kai keptuvė įkaista, sudėkite paplotėlį.
- Kepkite vieną minutę iš kiekvienos pusės.

96. aviža , Kiaušinių ir mocarelos paplotėlyje

INGRIDIENTAI:

- ½ stiklinės žalio svogūno, supjaustyto
- ¼ puodelio žaliųjų pipirų, supjaustytų
- ¼ puodelio petražolių, kapotų
- ¼ arbatinio šaukštelio baltųjų pipirų
- 2 česnako skiltelės, supjaustytos kubeliais
- ½ puodelio Vegan Mozzarella sūrio, tarkuoto
- ¾ puodelio rudųjų ryžių
- ⅓ puodelio vandens arba baltojo vyno
- ½ stiklinės morkų, susmulkintų
- ⅔ stiklinės svogūno, susmulkinto
- 3 salierų stiebeliai, susmulkinti
- 1¼ arbatinio šaukštelio prieskoninės druskos
- ¾ arbatinio šaukštelio čiobrelių
- ½ puodelio veganiško Čedaro sūrio, tarkuoto
- 2 puodeliai greitų avižų
- ¾ puodelio bulgur kviečių

INSTRUKCIJOS:

- Išvirkite ryžius ir bulgur kviečius.
- Troškinkite daržoves 3 minutes uždengtoje keptuvėje, vieną ar du kartus pamaišydami.
- Kruopščiai nusausinkite ir sumaišykite su ryžiais ir sūriu, kol sūris šiek tiek išsilydys.
- Įmaišykite likusius ingredientus.
- Suformuokite 4 uncijų paplotėlius.
- Kepkite apie 10 minučių kiekvieną ant grotelių, naudodami kepimo purškiklį.
- Patiekite kaip pagrindinį patiekalą.

97.Graikinių riešutų ir daržovių pyragaičiai

INGRIDIENTAI:

- ½ raudonojo svogūno
- 1 saliero šonkaulis
- 1 Morka
- ½ raudonosios paprikos
- 1 puodelis graikinių riešutų, skrudintų, maltų
- ½ puodelio panko
- ½ puodelio orzo makaronai
- 2 veganiški kiaušinių pakaitalai
- Druskos ir pipirų
- Avokado griežinėliai
- Raudonųjų svogūnų griežinėliai
- Catsup
- Garstyčios

INSTRUKCIJOS:

- Svogūnus salierą, morkas ir raudonąją papriką pakepinkite aliejuje, kol suminkštės
- Sudėkite česnaką, riešutus, trupinius ir ryžius. Suformuokite paplotėlius.
- Kepkite aliejuje iki auksinės spalvos.
- Surinkite ant dubens.

8. Maroko jamo daržovių mėsainiai

INGRIDIENTAI:
- 1,5 stiklinės tarkuoto jamo
- 2 česnako skiltelės, nuluptos
- ¾ puodelio šviežių kalendros lapų
- 1 gabalėlis šviežio imbiero, nuluptas
- 15 uncijų skardinė avinžirnių, nusausinta ir nuplaunama
- 2 šaukštus maltų linų sumaišyti su 3 šaukštais vandens
- ¾ puodelio valcuotų avižų, sumaltų į miltus
- ½ šaukšto sezamo aliejaus
- 1 valgomasis šaukštas kokoso amino rūgščių arba mažai natrio turinčio tamari
- ½-¾ arbatinio šaukštelio smulkiagrūdės jūros druskos arba rausvos Himalajų druskos pagal skonį
- Šviežiai malti juodieji pipirai, pagal skonį
- 1 ½ arbatinio šaukštelio čili miltelių
- 1 arbatinis šaukštelis kmynų
- ½ arbatinio šaukštelio kalendros
- ¼ arbatinio šaukštelio cinamono
- ¼ arbatinio šaukštelio ciberžolės
- ½ puodelio kalendros ir laimo tahini padažo

INSTRUKCIJOS:
- Įkaitinkite orkaitę iki 350 F. Kepimo skardą išklokite pergamentiniu popieriumi.
- Nulupkite jamą. Naudodami įprasto dydžio grotelių angą, sutarkuokite jas, kol gausite 1,5 lengvai supakuotų puodelių. Sudėkite į dubenį.
- Nuimkite trintuvą nuo virtuvinio kombaino ir pridėkite įprastą „s" peiliuką. Susmulkinkite česnaką, kalendrą ir imbierą, kol susmulkinsite.

- Suberkite nusausintus avinžirnius ir dar kartą apdorokite, kol jie bus smulkiai supjaustyti, bet palikite šiek tiek tekstūros. Supilkite šį mišinį į dubenį.
- Dubenyje sumaišykite linų ir vandens mišinį.
- Blenderiu arba virtuviniu kombainu sumalkite avižas į miltus. Arba galite naudoti $\frac{3}{4}$ puodelio + 1 šaukštą iš anksto sumaltų avižų miltų. Įmaišykite jį į mišinį kartu su linų mišiniu.
- Dabar įmaišykite aliejų, aminorūgštis / tamarius, druską / pipirus ir prieskonius, kol gerai susimaišys. Jei norite, pakoreguokite pagal skonį.
- Formuokite 6–8 paplotėlius, tvirtai supakuokite mišinį. Padėkite ant kepimo skardos.
- Kepkite 15 minučių, tada atsargiai apverskite ir kepkite dar 18-23 minutes, kol taps auksinės spalvos ir tvirtai. Šaunu, p.

99. Lęšių, pistacijų ir šitake mėsainis

INGRIDIENTAI:
MĖSAISIAMS
- 3 askaloniniai česnakai, supjaustyti kubeliais
- 2 arbatinius šaukštelius alyvuogių aliejaus
- $\frac{1}{2}$ puodelio juodųjų lęšių, nuplauti
- 6 džiovintų šitake grybų kepurėlių
- $\frac{1}{2}$ puodelio pistacijų
- $\frac{1}{4}$ puodelio šviežių petražolių, kapotų
- $\frac{1}{4}$ puodelio gyvybiškai svarbaus kviečių glitimo
- 1 valgomasis šaukštas Ener-G, išplaktas su $\frac{1}{8}$ puodelio vandens
- 2 arbatiniai šaukšteliai džiovinto trinto šalavijo
- $\frac{1}{2}$ arbatinio šaukštelio druskos
- $\frac{1}{4}$ arbatinio šaukštelio maltų pipirų

DĖL BRUKTŲ
- 3 bulvės, nuluptos ir smulkiai supjaustytos
- augalinis aliejus, skirtas kepti
- druskos

INSTRUKCIJOS:
- Užvirinkite tris puodelius vandens. Kol laukiate, kol vanduo įkais, kubeliais pjaustytus askaloninius česnakus sumeskite į atskirą keptuvę su aliejumi ir patroškinkite ant silpnos ugnies.
- Kai vanduo pradės virti, suberkite lęšius ir džiovintus šitake kepures ir uždėkite puodą dangteliu, kad virimo metu išeitų šiek tiek garų. Virkite 18-20 minučių, tada supilkite į plono tinklelio sietelį, kad nuvarvėtų ir atvėstų. Kai atvės, išimkite šitake iš lęšių ir supjaustykite juos kubeliais, išmesdami kietus stiebus.

● Pistacijas sudėkite į virtuvinį kombainą ir stambiai sumalkite. Iki to laiko jūsų askaloniniai česnakai turėtų būti gražiai karamelizuoti. Į dubenį sudėkite askaloninius česnakus, lęšius, kubeliais pjaustytas šitake kepures, pistacijas ir petražoles ir maišykite, kol gerai susimaišys. Įpilkite gyvybiškai svarbaus kviečių glitimo ir išmaišykite.
● Dabar įpilkite vandens/Energ-G mišinio ir maišykite maždaug dvi minutes stipria šakute, kad susidarytų glitimas. Dabar įpilkite šalavijų, druskos ir pipirų ir maišykite, kol gerai susimaišys. Tada mišinį galite kelioms valandoms padėti į šaldytuvą arba iš karto kepti mėsainius.
● Norėdami kepti mėsainius, formuokite iš jų paplotėlius, formuodami mišinį šiek tiek suspauskite. Kepkite keptuvėje su trupučiu alyvuogių aliejaus po 2-3 minutes iš kiekvienos pusės arba kol šiek tiek apskrus.
● Norėdami paruošti bulvytes, į puodą įpilkite kelis centimetrus augalinio aliejaus. Kaitinkite ant stiprios ugnies.
● Kepti dalimis.
● Kepkite iki traškumo, apie 4-5 minutes, ir karščiui atspariomis žnyplėmis ištraukite iš aliejaus.
● Perkelkite ant popierinių rankšluosčių, kad nuvarvėtų, ir iš karto pabarstykite trupučiu druskos.

0.Daug baltymų turintys veganiški mėsainiai

INGRIDIENTAI:
- 1 puodelis tekstūruotų augalinių baltymų
- ½ puodelio virtų raudonųjų pupelių
- 3 šaukštai aliejaus
- 1 valgomasis šaukštas klevų sirupo
- 2 šaukštai pomidorų pastos
- 1 valgomasis šaukštas sojos padažo
- 1 valgomasis šaukštas maistinių mielių
- ½ arbatinio šaukštelio maltų kmynų
- ¼ arbatinio šaukštelio: maltos paprikos čili miltelių, česnako miltelių, svogūnų miltelių, raudonėlio
- ⅛ arbatinio šaukštelio skystų dūmų
- ¼ puodelio vandens arba burokėlių sulčių
- ½ puodelio gyvybiškai svarbaus kviečių glitimo

INSTRUKCIJOS:
- Puodą vandens užvirinkite. Kai užvirs, suberkite tekstūruotus augalinius baltymus ir leiskite virti 10-12 minučių. Nusausinkite TVP ir keletą kartų nuplaukite. Suspauskite TVP rankomis, kad pašalintumėte drėgmės perteklių.
- Į virtuvinio kombaino dubenį supilkite virtas pupeles, aliejų, klevų sirupą, pomidorų pastą, sojos padažą, maistines mieles, prieskonius, skystus dūmus ir vandenį. Apdorokite 10-20 sekundžių, jei reikia, nubraukite šonus ir dar kartą apdorokite, kol susidarys tyrė. Jis neturi būti visiškai lygus.
- Įpilkite rehidratuoto TVP ir apdorokite 7-10 sekundžių arba tol, kol TVP bus labai smulkiai pjaustytas, mišinys turėtų atrodyti kaip Bolonijos padažas. Jūs nenorite turėti didelių TVP gabalėlių, kitaip mėsainiai nesilaikys gerai.

- Perkelkite mišinį į maišymo dubenį ir įpilkite gyvybiškai svarbaus kviečių glitimo. Pirmiausia maišykite mediniu kotu, o tada minkykite rankomis 2-3 minutes, kad susidarytų glitimas. Mišinys turi būti minkštas ir šiek tiek elastingas.
- Padalinkite mišinį į 3 ir suformuokite paplotėlius. Kiekvieną mėsainį atsargiai įvyniokite į pergamentinį popierių, o paskui į aliuminio foliją.
- Suvyniotus mėsainius sudėkite į greitpuodį (galite juos sukrauti) ir slėginį virkite 1 valandą ir 20 minučių. Galite naudoti greitpuodį arba greitąjį puodą.
- Iškepusius mėsainius išvyniokite ir 10 minučių leiskite atvėsti. Dabar galite kepti mėsainius šiek tiek aliejaus iki auksinės rudos spalvos iš abiejų pusių.
- Šaldytuve mėsainiai išsilaikys iki 4 dienų. Šaldytuve jie šiek tiek sukietės, bet pakaitinti suminkštės.

IŠVADA

Kai artėjame prie šios skanios kelionės pabaigos, tikimės, kad „Nuo sodo iki lėkštės: daržovių mėsos kukulių kulinarijos knyga" įkvėpė jus įsisavinti daržovių kotletų skonį ir tekstūrą savo virtuvėje. Daržovių kotletai yra maitinanti ir kūrybiška alternatyva tradiciniams kotlečiams, todėl raginame toliau tyrinėti ir eksperimentuoti su šiuo universaliu patiekalu.

Tikimės, kad naudodamiesi šioje kulinarijos knygoje aprašytais receptais ir metodais įgavote pasitikėjimo ir įkvėpimo kurti skanius ir maistingus daržovių kotletus. Nesvarbu, ar mėgaujatės jais kaip pagrindiniu patiekalu, ar dedate į makaronų patiekalus, ar dedate į sumuštinius ar įvyniojimus, kiekvienas kąsnis gali suteikti jums pasitenkinimo skaniu ir skaniu maistu.

Taigi, kai leisitės į nuotykius su daržovių kotletais, leiskite „Nuo sodo iki lėkštės" būti jūsų patikimu palydovu, pateikdamas jums skanių receptų, naudingų patarimų ir kulinarinių tyrinėjimų jausmą. Pasinaudokite kūrybiškumu, skoniais ir mityba, kurią siūlo daržovių kotletai, ir leiskite kiekvienam jūsų sukurtam patiekalui tapti gyvo augalinių ingredientų pasaulio švente.

Tegul jūsų virtuvė prisipildo viliojančių daržovių kotletų kepimo ar kepimo aromatų, šnypščiančio gėrio skambesio ir džiaugsmo maitinant savo kūną sveikais ir gardžiais augaliniais patiekalais. Sėkmingo gaminimo ir tegul jūsų daržovių kukuliai teikia pasitenkinimą ir malonumą ant jūsų stalo!